Seth Rockman
Der alte und der neue Materialismus in der Geschichte der Sklaverei

re:work. Arbeit global
– historische Rundgänge

―
herausgegeben von
Andreas Eckert und Felicitas Hentschke

Band 5

Seth Rockman

Der alte und der neue Materialismus in der Geschichte der Sklaverei

—

Die kleine Buchreihe *re:work. Arbeit global - historische Rundgänge* dient dazu, eine öffentliche Vortragsreihe, die re:work lectures des internationalen Forschungskollegs „Arbeit und Lebenslauf in globalgeschichtlicher Perspektive", kurz re:work, an der Humboldt-Universität zu Berlin, zu dokumentieren und für die Arbeitsgeschichte im deutschsprachigen Raum nachhaltig zugänglich zu machen. re:work ist ein für den Zeitraum von 2009 bis 2023 vom Bundesministerium für Bildung und Forschung (BMBF) gefördertes Forschungsprogramm (Käte Hamburger Kolleg).

GEFÖRDERT VOM

Bundesministerium
für Bildung
und Forschung

Internationales Geisteswissenschaftliches Kolleg IGK
International Research Center
Arbeit und Lebenslauf in globalgeschichtlicher Perspektive
Work and Human Lifecycle in Global History

ISBN 978-3-11-074896-3
e-ISBN (PDF) 978-3-11-074913-7
e-ISBN (EPUB) 978-3-11-074923-6

Library of Congress Control Number: 2021944506

Bibliografische Information der Deutsche Nationalbibliothek
Die Deutsche Nationalbibliothek verzeichnet diese Publikation in der Deutschen Nationalbibliografie; detaillierte bibliografische Daten sind im Internet über http://dnb.dnb.de abrufbar.

© 2022 Walter de Gruyter GmbH, Berlin/Boston
Photographien: Maurice Weiss (Coverbild & Portraits); Ellen Rothenberg (Collagen)
Redaktion: Andreas Eckert und Felicitas Hentschke
Lektorat: Felicitas Hentschke und Sebastian Marggraff
Interview: Felicitas Hentschke und Nitin Varma
Übersetzung aus dem Englischen: lingua•trans•fair; Tim Jack,
Sebastian Landsberger (Essay); Cornelia Gritzner (Interview)
Printing and binding: CPI books GmbH, Leck

www.degruyter.com

Arbeit global – historische Rundgänge

Als uns das Bundesministerium für Bildung und Forschung (BMBF) Ende 2008 mitteilte, dass das Projekt „Arbeit und Lebenslauf in globalgeschichtlicher Perspektive" als eines der insgesamt zehn Internationalen Geisteswissenschaftlichen Kollegs – später Käte Hamburger Kollegs – zur Förderung angenommen worden sei, ahnten wir noch nicht, dass wir am Anfang eines großen akademischen Abenteuers standen. Das BMBF hatte uns mit diesem neuen Format die Möglichkeit gegeben, ein innovatives Forschungsprogramm zu entwickeln und jährlich zehn bis fünfzehn Forscher und Forscherinnen aus allen Teilen der Welt einzuladen, um mit uns gemeinsam in Berlin über das Thema „Arbeit" zu diskutieren.

Doch bevor wir die ersten Ausschreibungen verschicken konnten, plagten wir uns mit der Frage, wie man in wenigen Sätzen unser neues Forschungszentrum erklären könnte. Nach langen Gesprächen mit unserem Grafiker sowie Kollegen und Kolleginnen wurde ein „Spitzname" gefunden, der nun international in einschlägigen Zirkeln die Runde gemacht hat – re:work. In dem Wort re:work stecken unter anderem die drei Begriffe Re-flektion, Re-vision und Re-imagination: Wir nutzen den Freiraum, der uns gegeben worden ist, um Experimente zu wagen, und neue Wege zu gehen, um über „Arbeit" nachzudenken. Zunächst einmal: Das Thema „Arbeit" war alles andere als neu, als wir unsere Arbeit mit re:work begannen. Insbesondere von den 1960er bis in die frühen 1980er Jahre war die Geschichte der Arbeit und der Arbeiterbewegung hierzulande ein wichtiges Forschungsthema. Im Zentrum des Interesses stand dabei Deutschland, gegebenenfalls noch der nordatlantische Raum. Die Mehrzahl der Studien handelte vom Aufstieg des Kapitalismus, der Lohnarbeit zu einem Massenphänomen machte, von Industrialisierung und Urbanisierung. Dies ging einher mit der semantischen Verengung des Konzepts Arbeit auf Erwerbsarbeit. Arbeiterbewegungen und Gewerkschaften waren prominente Themenfelder, Arbeiterkultur

---

Diese Buchreihe ist bemüht, eine geschlechterneutrale und diskriminierungsfreie Sprache zu wählen. So wird „Schwarze Menschen" beispielsweise großgeschrieben, um zu verdeutlichen, dass es sich um ein konstruiertes Zuordnungsmuster handelt und keine Eigenschaft ist, die auf die Farbe der Haut zurückzuführen ist. Vgl. Jamie Schearer, Hadija Haruna, Initiative Schwarze Menschen in Deutschland (ISD), „Über Schwarze Menschen in Deutschland berichten", Blogbeitrag, 2013, http://isdonline.de/uber-schwarze-menschen-indeutschland-berichten. Dennoch wird aus Gründen der besseren Lesbarkeit und aus Platzgründen im Folgenden darauf weitgehend verzichtet, sowohl die weibliche als auch die männliche Form der jeweils angesprochenen Personengruppe zu benutzen. Wenn z.B. von Wissenschaftlern gesprochen wird, sind immer auch Wissenschaftlerinnen gemeint. Der umgekehrte Fall gilt nicht. Grundsätzlich wird versucht, die dritte Option zu wählen, um auch diese Binarität der Geschlechtsform aufzulösen.

im weitesten Sinne bildete einen weiteren Schwerpunkt. Zunehmend etablierten sich Genderperspektiven. In den späten 1980er Jahren hatte Arbeit als Forschungsgegenstand jedoch weitgehend seine Attraktivität verloren. Viel war vom „Ende der Labour History" zu lesen. Mitte der 1990er Jahre kursierte in Historikerkreisen der Witz, wer möglichst wenig Studierende in seinen Seminaren haben wolle, solle sie Freitagnachmittags anbieten, und möglichst zum Thema „Arbeit". Diese Zeiten sind vorbei. Arbeit ist wieder *en vogue*. Die Finanzkrise 2008 und die Corona-Krise heute, generationelle Konflikte um den Zugang zu Arbeit, der Aufstieg informeller und prekärer Beschäftigungsverhältnisse auch in den westlichen Industrieländern sowie die durch rapiden technologischen Wandel geprägten Veränderungen der Arbeitswelt sind einige der Bereiche, die gesellschaftliche und akademische Debatten zum Thema Arbeit neu befeuert haben. Und nicht zuletzt mit dem Einzug der Globalgeschichte und dem damit verknüpften neuen Interesse an der nicht-europäischen Welt veränderte sich auch hierzulande der Blickwinkel auf den Forschungsgegenstand.

Vor diesem Hintergrund wurde es möglich, gängige Prämissen in Frage zu stellen und neu auf „Arbeit" zu schauen. Wenn beispielsweise in Afrika nur etwa 14% der Bevölkerung in einem formalen Lohnarbeitsverhältnis stehen, was tun die anderen 86%? Wie müssen wir unsere Fragen stellen, um angemessen auf diese Umstände zu reagieren? Bei re:work haben wir uns auf die Reise gemacht und Spezialisten und Spezialistinnen zum Thema Arbeit aus dem sogenannten „Globalen Süden" getroffen – von China und Indien über Brasilien, Kenia und Mali, bis nach Tadschikistan und Marokko. Wir haben sie gefragt, wie sie Arbeit definieren, auf welchen Grundannahmen ihre Forschung fußt, welche Quellen sie benutzen, wohin ihre Diskussionen führen.

Es haben sich auf dieser Reise einige Kernthemen herauskristallisiert, welche die Debatten bei re:work bis heute prägen: Arbeit und Nicht-Arbeit, freie und unfreie Arbeit, die kritische Reflexion der Vorstellung von „Normalarbeitsverhältnissen", aber auch die Beziehungen zwischen verschiedenen Lebensphasen und der Arbeit. Diese Themen werden nicht zuletzt in Forschungskontexten außerhalb der westlich dominierten Forschungslandschaft lebhaft diskutiert werden und prägen zunehmend unser Nachdenken über Arbeit. Diese kleine Buchreihe, eine Sammlung von Vorträgen, die im Rahmen der Vortragsreihe *re:work Lectures* an der Humboldt-Universität zu Berlin gehalten wurden, möchte diese Debatten aufgreifen, einige neuere Ansätze und kritische Perspektiven in der Erforschung von Arbeit vorstellen und auf diese Weise das wissenschaftliche Gespräch, das im Umfeld von re:work seit nunmehr zehn Jahren geführt wird, auf kompakte Weise zugänglich machen.

Andreas Eckert und Felicitas Hentschke

re:work (v.l.n.r.): Felicitas Hentschke (Programmleitung), Jürgen Kocka (Permanent Fellow), Andreas Eckert (Direktor)

Auf den folgenden Doppelseiten:
1 Men's Russet Brogan, T. & E. Batcheller, 1838.
Mit freundlicher Genehmigung der North Brookfield (Mass.) Historical Society.
2 Hazard Company Correspondence, Mss# 1371,
Louisiana und Lower Mississippi Valley Collections, LSU Libraries, Baton Rouge, La.

Inhalt

Andreas Eckert
Einleitung —— 4

Seth Rockman
Der alte und der neue Materialismus in der Geschichte der Sklaverei —— 9

Gesprächsführung: Felicitas Hentschke und Nitin Varma
„Leisten wir bessere Arbeit, wenn wir zu einem gewissen Grad mit der Tätigkeit vertraut sind, über die wir eigentlich sprechen? ... Ich glaube nicht, dass es unsere Arbeit schlechter macht"
Ein Interview mit Seth Rockman —— 36

Lebenslauf Seth Rockman —— 50

Publikationen (Auswahl) —— 51

ReM ReM Club – Remember Re:work Members —— 56

Käte Hamburger Kollegs —— 57

Buchreihe
Work in Global and Historical Perspective —— 58

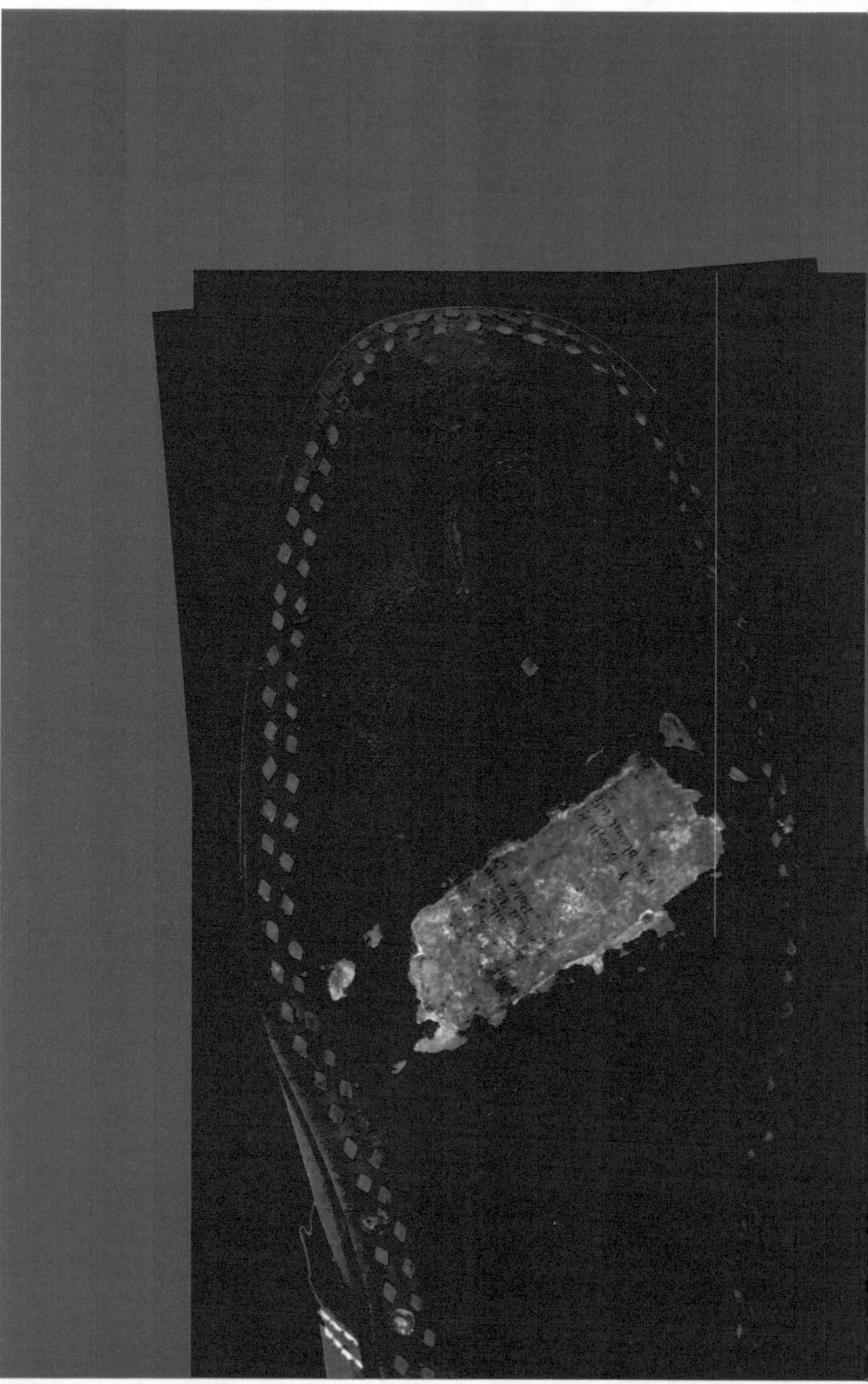

— Planta[tion]

Names

1. Citty
1. Tom
2. Coffee
2½ Henry
2½ Henry Hender[son]
2. Fountain
. Jim
. Charles
. Isaac
3. Daniel
. Big Ann
. Little Ann
. Mariah
. Rose
. Maria
. Harriett
. Sarah Brook[s]
. Sarah Crai[g]
. Eliza
. Betsey

"Providence" 1839 –

	Heights	Sex	Size of Foot		
0	6 ft	Male	12 inches	13	
0	6 " "	"	" 13	14	
0	5 " 8 in	"	" 12	13	"heavy built"
0	5 " 5 "	"	" 10	7	
0	5 " 5 "	"	" 10	7	
5	5 " 8 "	"	" 10	7	
2	3 " 6 "	"	" 6	9 children	
4					
9					
7	5 " 8 "	"		supposed 11	
	5 " 3 "	Female	" 10	7	heavy built
1	4 " 7 "	"	" 8½	2	
2	5 " 4 "	"	" 10	7	
2	5 "	"	" 9	4	
8	5 "	"	" 9	4	
20	5 " 2	"	" 8½	2	
20	5 "	"	" 9	4	
20	5 " 1	"	" 9	4	
15	5 " 4	"	" 10	7	
27	5 " 2	"	" 10	7	
	5 " 5	"	" 10	7	

1 14
2 13
1 11
11 7
 4   4
 2   2
 1 – 9 child
─────
22

Andreas Eckert
Einleitung

Es kommt nicht so häufig vor, dass das Erstlingswerk einer Historikerin oder eines Historikers als bahnbrechend für ein Forschungsfeld angesehen wird. Seth Rockmans 2009 bei *Johns Hopkins University Press* erschienene Monographie *Scraping By: Wage Labor, Slavery, and Survival in Early Baltimore* gehört jedoch ohne Zweifel zu dieser Kategorie. Alle Rezensentinnen und Rezensenten waren sich einig, dass in dieser Studie der beileibe nicht gradlinige Übergang von Sklavenarbeit zu „freieren" Formen der Arbeit quellennah und in besonders differenzierter Weise analysiert wurde. Nach dem formalen Ende der Sklaverei, das hat die Geschichtsschreibung in den vergangenen Jahren nachhaltig betont, überließen es die Staaten des nordatlantischen Raumes im 19. Jahrhundert keineswegs einfach dem Markt, fortdauernd Zugriff auf eine hinreichend große und disziplinierte Arbeiterschaft zu haben. Neben positiven Arbeitsanreizen standen starke staatliche Zwangsinstrumente: Gesetze zur Regelung des Verhältnisses zwischen Arbeiterinnen und Arbeitern auf der einen und den Unternehmen auf der anderen Seite, strafrechtliche Sanktionen für das Verlassen des Arbeitsplatzes sowie Verordnungen gegen die „Herumstreunerei".

In den Vereinigten Staaten etwa koexistierten bis weit in das 19. Jahrhundert hinein „freie Arbeit" und „chattel slavery", wobei sich in Randstaaten der Sklaverei wie Maryland diese Abgrenzungen zunehmend auflösten, gerade dadurch aber, wie Rockman zeigt, in Städten wie Baltimore den Widerstand gegen eine Aufhebung der Sklaverei verschärften. In der Grauzone zwischen Sklaverei und kapitalistischen Arbeitsverhältnissen agierten Sklavenhalter dort in einer Weise, die an moderne Arbeitsleihfirmen gemahnt. Sie entsandten „ihre" Sklaven als Arbeitskräfte gerne in die Stadt, wo sie sie auf im Grunde „freie" Arbeitsplätze wie zum Beispiel im Hafen vermittelten, um den fälligen Arbeitslohn dann als laufende Rendite zu kassieren. Ähnliche Konstellationen fanden sich zeitgleich ebenfalls in brasilianischen Städten wie Rio de Janeiro. Dort wurden Sklaven, sogenannte *Ganhadores*, von ihren Besitzern angehalten, das Herrenhaus oder die Plantage zu verlassen, um Lohnarbeit nachzugehen. Einen großen Teil ihrer Einkünfte mussten sie dann ihren Besitzern abgeben. Doch erhielten die Sklaven auf diese Weise Zugang zur Geldwirtschaft, was mittelfristig die Manumission durch Freikauf förderte.

Was Rockmans Buch auszeichnet, ist seine Fähigkeit, drei wichtige Ebenen vertieft zu analysieren und zu verschränken. Zunächst einmal ist *Scraping By* eine ungemein dicht recherchierte und dokumentierte Geschichte armer Schwarzer Menschen und *weißer* Menschen, also Frauen, Männer und Kinder, die „ungelernten", oft gefährlichen und, wie man heute wahrscheinlich sagen würde, systemrelevanten oder essentiellen Tätigkeiten in Baltimore nachgingen, einer im Untersuchungszeitraum 1790 bis 1840 dynamischen und prosperierenden Hafenstadt an der atlantischen Ostküste. Daneben ist die Studie durch die anspruchsvolle analytische Verknüpfung der Aspekte „Rasse", „Klasse", „Geschlecht" und „Kapitalismus" charakterisiert und eröffnet damit zugleich eine kritische Perspektive auf eine Arbeitshistoriographie zu den frühen Vereinigten Staaten, die bis dahin sehr stark von einem Fokus auf das Handwerk geprägt war. Und schließlich versteht sich das Buch auch als gleichsam historisch fundierter Kommentar zur im späten 20. und frühen 21. Jahrhundert in Nordamerika vorherrschenden Ideologie des freien Marktes und den damit einhergehenden Mythen, die signifikant die Sicht auf die Nation und ihre Geschichte prägen.

Zu den eindringlichsten Aspekten von *Scraping By* gehören die zahlreichen aufschlussreichen Lebensgeschichten, die Rockman aus den in der Regel äußerst fragmentarischen Informationen in den Quellen zusammengetragen hat; Lebensgeschichten von Menschen, die, weil sie arm, mobil und oft des Lesens und Schreibens unkundig waren, wenige Ego-Dokumente hinterlassen haben und auch selten in das Blickfeld von Steuereintreibern (weil sie nichts zu versteuern hatten) und anderen Behördenvertretern gelangten. Auf der Grundlage von kommunalen und staatlichen Archiven, häufig Quellenbestände von Einrichtungen wie Armenhäusern und Gefängnissen, ebenso wie von Zeitungen vermag Rockman ein Narrativ zu weben, das in ungewöhnlicher Dichte Baltimores vielgestaltiges Proletariat porträtiert.

Besondere Erwähnung verdient schließlich Rockmans kritische Analyse des Marktes, der in vielen Darstellungen als abstrakt, neutral und harmlos erscheint. Für das Leben der Arbeitenden in Baltimore war der Markt hingegen auf radikale und konkrete Weise präsent – als sehr aggressiv, sehr bösartig, extrem gewaltvoll. Rockman verdeutlicht dies anhand der Arbeitsmärkte für saisonale und sogenannte Gelegenheitsarbeiter und -arbeiterinnen, deren Funktionieren er anhand der Kategorien „Fähigkeiten", „Rasse", „Ethnizität", „Geschlecht", „Alter" und „rechtlicher Status" untersucht. Dabei vermag er zu zeigen, dass die Transformation von Arbeit in eine Ware und ihre rücksichtslose Unterwerfung unter die Gesetze von Angebot und Nachfrage den Markt keineswegs zu einem Vehikel der Befreiung der Menschheit machte. Im Gegenteil, die „unsichtbare Hand" kam als Faust daher, die Menschen blutig schlug und sie zuweilen sogar tötete.

Scraping By, für das Rockman zahlreiche wichtige Preise erhielt – darunter den Merle Curti Prize der Organization of American Historians, den Philip Taft Labor History Book Award und den H.L. Mitchell Prize der Southern Historical Association – habe ich auch deshalb etwas ausführlicher vorgestellt, weil es hierzulande nur wenigen Spezialistinnen und Spezialisten bekannt sein dürfte.

In den Vereinigten Staaten hingegen hat das Buch seinen Autor, der nach seinem Studium an der Columbia University und der University of California in Davis seit vielen Jahren an der renommierten Brown University in Providence, Rhodes Island lehrt, in die Liga der wichtigsten Vertreterinnen und Vertreter der Geschichtsschreibung zur frühen nordamerikanischen Arbeitshistorie katapultiert. Sein aktuelles, kurz vor dem Abschluss stehendes Projekt, in das der auf den folgenden Seiten abgedruckte Vortrag einige wichtige Einblicke bietet, wird diese Position zweifellos weiter stärken.

In *Plantation Goods and the National Economy of Slavery in Antebellum America* beschreitet Rockman neue Wege in einer "neuen Geschichte des Kapitalismus". Einige wichtige Vorarbeiten von ihm sind bereits erschienen, so der mit Sven Beckert herausgegebene Band *Slavery's Capitalism: A New History of American Economic Development* (University of Pennsylvania Press 2016) und insbesondere der Aufsatz „N* Cloth: Mastering the Market for Slave Clothing in Antebellum America" (in Christine Desan und Sven Beckert, Hg., *American Capitalism: New Histories*, Columbia University Press 2018). Ein zentrales Argument dieses inzwischen freilich nicht mehr ganz taufrischen Ansatzes liegt wie weiter oben skizziert darin, Sklaverei als Teil einer kapitalistischen Produktionsweise zu verorten, deren Investition in „freie" Arbeit häufig mehr rhetorisch als real war. Rockman fügt eine weitere Perspektive hinzu, die sich mit dem Schlagwort des „neuen Materialismus" verbindet, eines multidisziplinären Ansatzes, der Aspekte der Verknüpfungen zwischen menschlichen und nicht-menschlichen Akteurinnen und Akteuren betont und sich auf jüngere theoretische Arbeiten über Gegenstände, Netzwerke und Montagen beruft.

Die große Faszination von Rockmans Vorhaben besteht darin, diese eher abstrakt anmutenden Ansätze sehr konkret bei der Erforschung von Arbeit und Sklaverei einzusetzen. Im Mittelpunkt seiner Studie stehen Objekte wie Textilien, Stiefel oder Werkzeuge, die im Neuengland des frühen 19. Jahrhunderts für die Arbeit auf Sklavenplantagen in den Südstaaten hergestellt wurden. Das „Verfolgen dieser Gegenstände" vermag auf sehr anschauliche Weise zu zeigen, wie sich Lohn- und Sklavenarbeit verbanden. Vor allem aber führt der genaue Blick auf die Waren zu einer vertieften Sicht auf die Erfahrung der Arbeit selbst. Materialien wie Wolle oder Baumwollfasern, aus denen Kleidung für die Versklavten hergestellt wurden, beeinflussten durch ihre spezifischen physischen Qualitäten und Eigenschaften sowohl die Tätigkeiten jener, die damit webten und nähten, als auch der versklavten Menschen, die daraus gefertigte Kleidung während der Plantagenarbeit auf ihrer Haut trugen. In diesem Zusammenhang erweist sich überdies die lange Zeit gängige Kategorie der „ungelernten Arbeit" als höchst problematisch. Denn wie Rockman hervorhebt, bedürfen selbst die scheinbar banalsten Tätigkeiten eines Fachwissens und einer spezifischen Arbeitstechnik, zumal wenn sie im Kontext von Sklaverei oder auch vielen Bereichen der Lohnarbeit unter extremer Überwachung und enormem Zeitdruck durchgeführt werden müssen.

Rockman vollzog den „Material Turn" im Übrigen in voller Konsequenz. In Ergänzung zur Arbeit mit den „üblichen" schriftlichen und visuellen Quellen suchte er in diesem Projekt die konkrete Arbeitstätigkeit nachzuvollziehen und praktizierte selbst die Arbeit an einem historischen Webstuhl. Darüber berichtet er ausführlich in einem Interview mit Felicitas Hentschke und Nitin Varma, das in diesem Band abgedruckt ist. „Erfahrungsbasierte Forschung", hält er dort fest, „ist kein Ersatz für Archivforschung, sondern eine Einladung, bessere Archivarbeit zu machen, indem man Aspekte in den eigenen Quellen erkennt, die man sonst übersehen hätte".

Und sie eröffnet den Weg für neue, ungewöhnliche Formen disziplinübergreifender Perspektiven. Dies manifestiert sich im vorliegenden Band in der Auswahl von Bildern, die Ellen Rothenberg (School of the Art Institute in Chicago) für uns zusammengestellt hat. Rothenberg sah in Rockmans Beschäftigung mit Alltagsgegenständen (Werkzeuge oder Stiefel) Parallelen zu ihren eigenen Arbeitsprozessen als Künstlerin. Materialität und Körperlichkeit, die für Rockmans Werk von großer Bedeutung sind, werden in der hier abgedruckten Bildfolge durch den Maßstab der Bilder, die sich über Doppelseiten erstrecken und an den Rändern langsam auslaufen, noch unterstrichen. Die Leserschaft soll in der Lage sein, die Fäden und Fasern des gewebten Stoffes in der Nahaufnahme des Stoffstapels und des Webstuhls zu spüren. Rothenberg ist es wichtig, dass die Bilder die akademische Konvention der Hierarchie zwischen Text und Illustrationen durchbrechen, dass sie ein Gefühl von unabhängiger Handlungsfähigkeit des Visuellen innerhalb der Grenzen der Publikation vermitteln und dass sie die Vorstellung von Geschichte als etwas, das weit in der Vergangenheit verankert ist, überwinden. Die Zusammenarbeit zwischen Rockman und Rothenberg, die während ihrer gemeinsamen Fellowzeit bei re:work begann und sich während zwei von re:work und der Chicagoer School of the Art Institute organisierten Workshops vertiefte, ist nicht zuletzt ein gutes Beispiel für unser Bestreben, verschiedene Perspektiven auf Arbeit zu verschränken, die für gewöhnlich nicht miteinander ins Gespräch kommen.

Seth Rockman 1 | © Maurice Weiss

Seth Rockman
Der alte und der neue Materialismus in der Geschichte der Sklaverei

Die Forschungsbereiche der Geschichte der Sklaverei und die der Arbeit haben ein gemeinsames Projekt. Diese Behauptung ist unumstritten und soll den nun folgenden Ausführungen vorangestellt sein. Seit W.E.B. Du Bois die Selbstemanzipation der Sklaven während des Amerikanischen Bürgerkriegs als „Generalstreik" konzeptualisiert hat, werden akademische Arbeiten zur Sklaverei in der Sprache der Geschichte der Arbeit verfasst.[1] Auch wenn die Analogie zwischen der Plantage in den Amerikas und der Fabrik in Europa ganz offenkundige Schwächen hat, wird in der Geschichtswissenschaft zunehmend das Verständnis entwickelt, dass die Aushandlungsprozesse und Kämpfe zwischen Sklaven und Sklavenhaltern mit jenen vergleichbar sind, die zwischen Arbeiterschaft und Arbeitgebern herrschen. Hier wie dort geht es um die Länge der Arbeitszeit, die Geschwindigkeit und Qualität der Arbeit sowie die Bereiche Rechte, Privilegien und Macht. Die primäre Arena des politischen Konflikts auf den Plantagen entstand genau dort, wo sich die Verantwortung der versklavten Menschen für die landwirtschaftliche Warenproduktion und ihr Dollarwert als bewegliches Eigentum mit dem Profitstreben der Sklavenhalter, einschließlich ihres Willens zur Dominanz und ihrer Gewaltbereitschaft sowie der ständigen Angst, im Schlaf ermordet zu werden, kreuzten. Überall in den Amerikas sahen sich versklavte Menschen in einem zermürbenden Kampf mit Sklavenhaltern gefangen. Das Gefälle in ihrer relativen Macht bedeutete jedoch, dass es weniger um die Frage *des Fortbestands der Sklaverei* an sich, sondern vielmehr um *die Bedingungen dieser Sklaverei* ging. Versklavte Menschen entwickelten als Antwort auf die alltäglichen Anforderungen der Zwangsarbeit eine politische Praxis, die sich am

---

1 Du Bois (1935).

Dieser Vortrag wurde am 14. Januar 2020 bei re:work gehalten. Mein tiefster Dank geht an Andreas Eckert und Felicitas Hentschke für ihre Einladung, an Farah Barakat und Sebastian Marggraff für die Organisation der Logistik meiner Reise und an Nitin Varma und Daniel Eisenberg für ihre intellektuelle Großzügigkeit. Es war ein wunderbares Geschenk mit Ellen Rothenberg zu den visuellen Elementen dieser Publikation zu arbeiten, ihre Unterstützung für diese Arbeit war für mich von unschätzbarem Wert. Genauso muss ich das Seminar „Slavery's New Materialism" am Brown University Center for the Study of Slavery and Justice hervorheben, wo viele der Ideen dieses Texts bei einem Gespräch im Herbst 2019 getestet wurden. Mein besonderer Dank geht an Rebecca Schneider, Amy Huang und Bradley Craig dafür, dass sie mich ermutigt haben, sowie an Jenny L. Davis für ihre akademischen Einwände in letzter Minute.

unmittelbar notwendigen materiellen und alltäglichen Bedarf orientierte - eine Praxis des Überlebens. Dabei gaben sie auf keinen Fall den Wunsch nach Freiheit auf, aber sie entwickelten, wie in jedem Kampf subalterner Schichten, der durch das überwältigende Gewaltmonopol der dominanten Gruppe gekennzeichnet ist, strategisch eine deutlich spürbare, wenn auch kaum sichtbare Infrapolitik, die sich auf die Räume richtete, in denen Zugeständnisse erlangt oder Rechte mit dem geringsten (wenngleich nie ganz verschwindenden) Risiko gewahrt werden konnten.

Das rasant wachsende Forschungsfeld der Geschichte der Sklaverei hat in den letzten Jahrzehnten bereits zahlreiche Aspekte der Subjektivität und der Erfahrungen versklavter Menschen in den Vordergrund gerückt. Jetzt drängt ein nachhaltig wirksamer Materialismus darauf, den Arbeitsprozess auf den Plantagen in den Blick zu nehmen und als primäres Terrain des Konflikts zwischen Sklaven und Sklavenhaltern in den Vordergrund zu rücken. Während der Rückbezug auf marxistische Kategorien unter denjenigen explizit am stärksten ist, die (modern) archäologisch zur Geschichte der Plantagen in der Karibik arbeiten, kehrt die US-amerikanische Historiografie bei ihren Bemühungen, die Sklavereiforschung und die Arbeitsgeschichte zu verbinden, immer wieder zu Du Bois zurück. Auf dieser Position fußen einige der beeindruckendsten Studien der letzten zwei Jahrzehnte, so in Steven Hahns „A Nation under Our Feet", Susan O'Donovans „Becoming Free in the Cotton South", Thavolia Glymphs „Out of the House of Bondage", Walter Johnsons „River of Dark Dreams" und Alexandra Finleys „An Intimate Economy", um nur eine unvollständige Liste neuerer Arbeiten zu nennen, die sich der Geschichte der Sklaverei mit den Kategorien und der Sprache der Arbeitergeschichte nähern.[2] Dieser akademische Instinkt ist mit der Übernahme von Cedric Robinsons Ansatz eines *Schwarzen Marxismus*, der eine Genealogie einer Schwarzen radikalen Tradition und der Theorie eines „Racial Capitalism" einbezieht und Kategorien sozialer Differenz mobilisiert, noch einmal mehr verstärkt worden, um zu bestimmen, wer unter welchen Bedingungen wo arbeitet.[3]

Angesichts der gegenwärtigen Vitalität, mit der die nachhaltig wirksame materialistische Tradition auftaucht, scheint die Frage berechtigt, warum sich Personen wie ich auf die Suche nach einem *neuen* Materialismus gemacht haben, um die Geschichte der Sklaverei und die der Arbeit besser miteinander zu verbinden?

Diese Frage beflügelt meine heutigen Ausführungen, und in der folgenden Diskussion werde ich über das berichten, was ich in den letzten Jahren entdeckt habe, als ich viel in der einschlägigen interdisziplinären Forschung gelesen habe,

---

[2] Hahn (2003); O'Donovan (2007); Glymph (2008); Johnson (2013); Finley (2020).
[3] Robinson (2000).

die unter dem Etikett des „neuen Materialismus" firmiert, und dabei versucht habe, diese Ansätze in ein produktives Gespräch mit den Bereichen der Arbeitsgeschichte und der Sklavereiforschung zu bringen.

Dieser Vortrag ist sicher nicht das akademische Pendant zu einer Fernsehwerbung für etwas, das sich neuer Materialismus nennt (im Sinne eines kommerziellen Slogans wie *Neu und verbessert, mit Komponenten, die über das rein Menschliche hinausgehen!*). Ich beginne dieses Unterfangen nicht mit dem Eifer eines Bekehrten. In einem eher beobachtendem als programmatischem Ton möchte ich lediglich die Aufmerksamkeit auf die Einsichten lenken, die sich ergeben können, wenn wir uns der Geschichte der Sklaverei und der Arbeit auf den Plantagen anhand eines theoretischen Apparats nähern, der auf menschliche/nichtmenschliche Verflechtungen und die Handlungsmacht von *Dingen* fokussiert ist. Hier ergeben sich in der Tat einige gute Gelegenheiten, vor allem wenn man die Unzulänglichkeiten eines verzerrenden kolonialen (und ständig kolonisierenden) Archivs, das eine Schwarze Subjektivität ausblendet und die Gewalt der Sklaverei reproduziert, durch Geschichten jenseits des rein Menschlichen kompensieren kann. Gleichzeitig möchte ich darauf hinweisen, dass die Interpretationsansätze des neuen Materialismus ihre eigenen Risiken mit sich bringen. Das gilt insbesondere für die Dezentrierung des Menschlichen genau in dem Moment, in dem die Schwarze Menschheit um Anerkennung und Respekt in der Forschung und darüber hinaus kämpft. Nun, da Schwarze historische Subjekte endlich von den Rändern ins Zentrum der Geschichten gerückt sind, die über die Vergangenheit erzählt werden, sollte die Frage erlaubt sein, welche Politik dahintersteckt, sie (sozusagen) zu bitten, das Rampenlicht mit nicht-menschlichen Entitäten zu teilen, denen wiederum konzeptuell eine eigene Agency zugesprochen wird?

Bei der Analyse dieser Themen verlasse ich mich auf meine eigene Forschung zu den US-amerikanischen Plantagen des 19. Jahrhunderts, um Arbeitsprozesse in der Beziehung zwischen Hersteller und Material zu verorten, in dem stillschweigenden und *verkörpertem* Wissen, das menschliche Aktivitäten bestimmt, sowie in der sensorischen und haptischen Begegnung des Menschlichen und dem Nichtmenschlichen. Ich schließe mit einer hoffnungsvollen Ermutigung für eine Geschichte der Sklaverei, die sich auf die beständigen immer wiederkehrenden Fragen des älteren Materialismus und das breitere Bezugssystem eines neuen Materialismus stützt.

Der „Material Turn" der Arbeitsgeschichte?

Lange Zeit hat sich die Arbeitsgeschichte auf die Beziehungen zwischen Herstellenden und dem Material am Ort der Produktion konzentriert. Das Beherrschen von Fähigkeiten und die Kontrolle über den Arbeitsplatz brachten die Werktätigen nicht nur in Konflikte mit ihren Chefs, sondern auch mit Öfen und Zangen, Kohle und Feuer, Hitze und Rauch und anderen Aspekten der physisch-materiellen Welt. Dieser auf die Betriebsebene fokussierte Ansatz diente den Interpretationsstrategien eines „älteren" Materialismus, der auf der Vorstellung gründete, dass Ideologie und Politik vom Ort der Produktion in die Kneipen, Kirchen und Häuser und von dort in die Straßen, in die Gewerkschaftsbüros und die Wahllokale flossen. Die Politik der Arbeitsbeziehungen entstand, wie David Montgomery erklärte, „aus der Art und Weise, wie [US-] Amerikas heterogene Arbeiterschaft das industrielle Leben tatsächlich erlebte", was bedeutete, sich damit auseinanderzusetzen, wie die schwankenden Temperaturen der Hochöfen und die chemischen Eigenschaften von Eisen zusammenwirkten und die Arbeitstage der Eisengießer, die Kameradschaften und Rivalitäten unter Arbeitskollegen die Quantität und Qualität des Endprodukts mitgestalteten. Aber auch wenn die Fähigkeit der Eisengießer, eine 200-Pfund-Eisenluppe inmitten der geschmolzenen Schlacke zu erkennen, eine ganze Geschichte von Klassenkonflikten in Gang setzte, war es nie plausibel, dass Mangan und Eisen auf die Menschen in einer Weise wirkten, die dem entsprach, wie die Menschen auf sie wirkten.[4] Materielle Gegenstände spielten dabei sicherlich auch schon eine Rolle und ermöglichten oder beschränkten die Hoffnungen und Möglichkeiten der Arbeiter, aber niemand würde diese Art von Materialismus mit dem verwechseln, was heute unter dem Etikett des neuen Materialismus firmiert.

Es würde den Rahmen dieser wenigen Minuten sprengen, die institutionelle und intellektuelle Genealogie des neuen Materialismus nachzuzeichnen, aber es genügt zu sagen, dass es in den letzten dreißig Jahren zu parallelen und sich überschneidenden Gesprächen zwischen Philosophie, Archäologie, Wissenschafts- und Technologiestudien, Ökologie, Politikwissenschaft, Queer- und Feminismus-Studien, kritischer Theorie, Literatur- und Performance-Studien und anderen Disziplinen der Sozial- und Geisteswissenschaften gekommen ist. Wie bei einem solch polyfonem Unternehmen zu erwarten, gibt es verschiedene theoretische Prüfsteine. Gemeinsam ist diesen Arbeiten aber das Bestreben, (1) das sich zwischen Autonomie und Begrenzung bewegende menschliche Subjekt in den Geschichten, die wir über Vergangenheit, Gegenwart und Zukunft erzählen, zu dezentrieren; (2) auch nicht-menschlichen Entitäten einen handelnden Status zu gewähren, sie also als *aktive Dinge* und nicht als bloß passive Objekte neu zu konzipieren; und (3) die Relationalität menschlicher und nicht-menschlicher Aspekte in der Ko-Konstitution einer Realität (einer Vergangenheit, einer

---

4 Montgomery (1987), 8.

Gegenwart, einer Zukunft) in den Vordergrund zu stellen, die immer mehr als nur menschlich ist. Ganz allgemein ausgedrückt, ruft der neue Materialismus die Forschung dazu auf, die menschliche Vergangenheit in eine breitere Matrix von Netzwerken einzubetten, die Umwelt, Tiere und das, was einst als „unbelebte Materie" bezeichnet wurde, in ein kollektives Unterfangen einbeziehen. In den Worten von Sonia Hazard wird Agency über „Ansammlungen von Subjekten und Objekten, menschlichen und nicht-menschlichen Akteuren" verteilt. Das Ergebnis ist eine „Gruppenanstrengung". Dinge sind mit Menschen nicht gleichzusetzen, erklärt Jane Bennett, eine anerkannte Größe im Forschungsfeld, aber sie gehen nicht immer auf Menschen zurück. Dinge können förderlich oder hinderlich sein, aber ihr Platz in der Geschichte ist genauso zentral wie die Absichten jedes menschlichen Akteurs und sie bestimmen, wie wir eine Geschichte erzählen können, in der es (um einige Berliner Beispiele zu nennen) um die Tendenz eines Döner-Kebabs geht, der Enge seiner Verpackung zu entkommen, um die aggressive Präsenz von Wespen im Sommer oder um eine kaputte Rolltreppe in der U-Bahn. Mindestens fordert der neue Materialismus die Forschung dazu auf, von Anfang an mit zu berücksichtigen, dass das Materielle elementar („Matter Matters") ist.[5]

Zunächst wäre wichtig klarzustellen, dass das „Neue" des neuen Materialismus als Abkehr von der Immaterialität der sogenannten sprachkritischen Wende („Linguistic Turn") zu verstehen ist, nicht als Erwiderung auf den „alten" Materialismus der marxistischen Analyse. In diesem Sinne wäre auch festzuhalten, dass die Forschung der Arbeit und der Geschichte der Arbeiterklasse seit Langem daran gewöhnt ist, materielle Artefakte sowie deren „soziales Leben" und deren Fähigkeit als Träger symbolischer Bedeutung zur Herstellung von Klassenidentität (man denke an Lederschürzen oder Teegeschirr, Motorräder oder Trump-Kappen mit MAGA-Logo) zum Nachdenken hinzuzuziehen. Allerdings berücksichtigen solche Analysen im Allgemeinen nicht die Bedeutung des neuen Materialismus für Agencies, Netzwerke und Interaktionen zwischen Menschen und nicht-menschlichen Objekten und Umwelt. Obwohl die Arbeitsgeschichte ein höchst produktives Feld ist, hat sie ihren alten Materialismus nicht so schnell gegen den neuen eingetauscht, auch wenn beispielhafte Studien wie Thomas Andrews *Killing for Coal* die „Arbeitslandschaft" als „eine Konstellation widerspenstiger und sich ständig entfaltender Beziehungen" zwischen menschlichen und nicht-menschlichen Akteuren (und nicht-menschlichen Akteuren untereinander) bei der Ausführung von Arbeit neu gedacht haben.[6]

---

[5] Bennett (2009); Witmore (2014); Schneider (2015); Hazard (2018); O'Gorman und Gaynor (2020).
[6] Andrews (2008), 125.

In Reinform kann der neue Materialismus eine radikale Verschiebung der Perspektive einfordern, oder in den Worten von Kenneth Lipartito, es brauche eine ontologische Symmetrie, „in der das Menschliche und das Nicht-Menschliche gleichermaßen real und vital sind und keines von beiden ein Effekt des anderen ist".[7] Ein Großteil der Forschung gründet auf der Ablehnung des Anthropozentrismus; und in der Tat, wie Jane Bennett in „Vibrant Matter" provokativ argumentiert, besteht eine Lösung darin, einfach noch größere Teile der Welt zu vermenschlichen – den Dingen Gefühle und Willen zuzuschreiben, von denen wir eigentlich „wissen" sollten, dass sie diese nicht haben. Sichtbar wird dies etwa in Bereichen der Arbeitsgeschichte, die sich mit der Rolle nicht-menschlicher Wesen, also mit Tieren, in kapitalistischen Produktionsregimen beschäftigen. Gregory Samantha Rosenthal stellt zum Beispiel pazifische Seevögel und hawaiianische Arbeiter als Arbeitende in der Guano-Industrie des 19. Jahrhunderts nebeneinander, die beide einen Migrationsinstinkt besitzen: „Sowohl die Vögel als auch die Menschen wussten, dass ihre Heimat woanders war; beide verkörperten innere Kompasse, um ihnen, sobald die Zeit gekommen war, den Weg nach Hause zu weisen".[8] Doch was ist mit Dingen, die nicht selbst belebt sind? Eine Kerze, ein Regenschirm oder ein Notizbuch? Unter dem Label der Akteur-Netzwerk-Theorie machte Bruno Latour den Berliner Durchsteckschlüssel und die Temposchwelle als materielle Artefakte berühmt, denen die Fähigkeit innewohnt, menschliches Verhalten anzutreiben, während Robin Bernstein uns auf Grundlage der Performanz-Theorie daran erinnert, dass Dinge „sinnvolle Körperbewegungen festschreiben", da sie „uns zum Tanzen einladen".[9] Diese Art von gemeinsamer Agency, die dem Denken des neuen Materialismus zugrunde liegt, verwischt die traditionellen Grenzen zwischen Subjekt und Objekt und stellt uns vor die Frage, wer eigentlich das Sagen hat.

In dem Maße, in dem die Arbeitsgeschichte dem in jeder Art von Arbeit impliziten und verkörperten Wissen neue Aufmerksamkeit gewidmet hat, rücken die materiellen Wechselwirkungen einer jeweils bestimmten Form von Arbeit in den Fokus. Die einst gängige Klassifizierung „ungelernter Arbeit" ist mit der Anerkennung des Fachwissens, das selbst in den banalsten Aufgaben steckt, weggefallen, insbesondere bei Tätigkeiten, die unter extremer Überwachung und Zeitdruck ausgeführt werden: ein Hotelzimmermädchen, das ein unordentliches Zimmer in wenigen Minuten in eine makellose Unterkunft verwandelt, oder ein Lagerarbeiter bei Amazon, dem nur wenige Sekunden für die Ausführung jeder

---

[7] Lipartito (2016), 135.
[8] Rosenthal (2012), 747.
[9] Latour (2000); Bernstein (2009), 70.

Bestellung zur Verfügung stehen. Das Wort „Arbeitstechnik" verweist hier auf die spezifische Verbindung von Denken und Bewegung, die wir mobilisieren, um uns mit der materiellen Welt auseinandersetzen, etwa, wenn wir einen Kuchenteig ausrollen, ein Loch in einer Trockenbauwand flicken oder Glaspipetten in einem Labor aufziehen - oder Baumwolle pflücken, wie Solomon Northup, ein entführter Schwarzer aus New York, in seiner Autobiografie „Zwölf Jahre Sklave" (1853) feststellte, als er im Louisiana der 1840er Jahre zum ersten Mal mit einer täglichen Pflückquote konfrontiert wurde. Wer heute das Gewirr von Gliedmaßen, Messern und Eimern beim Ernten gesehen hat, wenn sich Feldarbeiter durch Reihen von Brokkoli, Spargel und Rosenkohl bewegen, weiß, dass hinter landwirtschaftlicher Arbeit, die allzu leicht als „einfach" abgetan wird, ein enormes Können steckt. In ähnlicher Weise ist die Pflegearbeit, die Frauen lange als „angeboren" zugeschrieben wurde, neu konzeptualisiert worden. Es wurde anerkannt, dass Pflege enorme Mengen an erworbenem Wissen und die Koordination von Körper und Geist im Umgang mit widerspenstigen Dingen wie Windeln, Flaschen und Kinderwagen erfordert. All diesen Beispielen ist eines gemeinsam, nämlich die Choreografie eines Menschen bei der Arbeit mit den ihm zur Verfügung stehenden Werkzeugen in einer materiellen Welt, die ihm manchmal zuarbeitet, aber allzu oft auch nicht. Alle, die schon einmal an einem historischen Webstuhl gesessen haben, kennen das: Sie stecken in einer Maschine, deren Ergonomie keine besondere Rücksicht auf die Personen, die sie benutzen wollen, nimmt; sie geraten in einen sich beschleunigenden Rhythmus aus Händen, die das Schiffchen werfen, und Füßen, die die Pedale treten; sie sind darauf angewiesen, dass die Schäfte den nötigen Platz schaffen, durch die das Schiffchen durchlaufen kann; sie beklagen jedes gerissene Kettfadenende, das den ganzen Tanz abrupt zum Stillstand bringt.

Der wissenschaftliche Fokus auf das „Herstellen" hat auch das Zusammenspiel von Kreativität, Werkzeugen und Materialien wieder in den Vordergrund gerückt. Die allgemein weitverbreitete kulturelle Faszination für das „Handwerkliche" hat dazu geführt, dass Formen der Arbeit, des Fachwissens und der materiellen Interaktion aufgewertet werden, die frühere Generationen gerne an die fabrikmäßige Massenproduktion delegiert haben: das Einlegen von Gemüse, das Brauen von Bier und das Backen von Sauerteigbrot zum Beispiel – oder selber Wolle zu spinnen und die eigenen Pullover zu stricken. Die DIY-Bewegung (Do It Yourself, wie sie in den USA genannt wird) war eine sanfte Erinnerung daran, dass der Mensch sich in seinem Bestreben, die materielle Welt zu verändern, immer in einem Aushandlungsprozess mit und einem Abhängigkeitsverhältnis zur Sphäre des Nicht-menschlichen befunden hat. All das bedeutet, dass sich die Geschichte der Arbeit als wissenschaftliches Forschungsfeld bisher zwar nicht Hals über Kopf in den neuen Materialismus gestürzt hat, aber im Allgemeinen bereit ist, über Arbeit auf eine Art und Weise nachzudenken, die die Interaktionen, Verstrickungen, die Beziehungsfähigkeit und Verhältnismäßigkeit einer im Kern nicht ausschließlich menschlichen Geschichte in den Vordergrund stellt.

Sklavereiforschung – Was folgt nach dem „Agency" Konzept?

Wenn wir nun erneut auf die Sklavereiforschung blicken, können wir mit Fug und Recht behaupten, dass sich das Fachgebiet in den letzten zwei Jahrzehnten inmitten verschiedener gleichzeitiger Umwälzungen befunden hat. Mit der Aufgabe der Dichotomie von Anpassung/Widerstand als Grundlage für die Sozialgeschichte der Sklaverei in den 1980er und 1990er Jahren, wurde das Schlagwort der „Agency" (Handlungsmacht bzw. Handlungsohnmacht) allgegenwärtig, sowohl als etwas, das die Forschung zu beweisen suchte, als auch als Erklärung dafür, was versklavte Menschen tun konnten (und taten) und nicht tun konnten (und nicht taten). Doch bereits in den frühen 2000er Jahren schien der Begriff als Ordnungskategorie für das Feld ausgedient zu haben. In einem provokanten Aufsatz aus dem Jahr 2003 argumentierte Walter Johnson, dass Schwarze Agency – ebenso wie Schwarze Menschlichkeit – keine ontologische Kategorie sei, die von der Wissenschaft bewiesen, geschweige denn, ihren historischen Subjekten „wiedergegeben" oder „zugestanden" werden müsse. Ihm zufolge stelle Agency das liberale Subjekt als seine fundamentale Analyseeinheit in den Vordergrund und setze eine autonome, abgegrenzte, individualisierte Subjektivität als universellen Anspruch und offensichtliches Telos des politischen Widerstands voraus, obwohl genau dieses aufklärerische Konzept von Agency selbst ein Produkt der Welt war, die die atlantische Sklaverei für die Europäer und ihre Nachkommen geschaffen habe. Die Frage, wie Menschen in einer bestimmten Zeit und an einem bestimmten Ort sich selbst als politische Subjekte begriffen und sich im Kampf mobilisierten, könne auch ohne ihre Einbettung in ein westliches Paradigma, das nicht immer auf die diasporischen afrikanischen Epistemologien und politischen Bestrebungen übertragbar wäre, verfolgt werden.[10]

Diese kritische Perspektive entfaltete sich zeitgleich auch in der *Africana*-Philosophie. So drängte Sylvia Wynter in ihren Schriften nachdrücklich auf die multiplen Genres des Menschseins im Gegensatz zum einheitlichen Modell des „Menschen", das auf einer liberalen Subjektivität beruht und hinsichtlich gelebter Erfahrungen immer eher außergewöhnlich als normativ war. Auch in den Literaturwissenschaften setzten sich beispielsweise Monique Allewaert und Alexander

---

10 Johnson (2003).

Weheliye mit „dem Menschlichen" als einer problematischen Kategorie auseinander, die untrennbar mit der gegen Schwarze gerichteten Gewalt der atlantischen Sklaverei und ihren Nachwirkungen verbunden ist. Die Kategorie „des Menschlichen" konnte problemlos in den Dienst für Schemata der rassischen Klassifizierung gestellt werden (da ganze Kategorien von Menschen als „nicht-menschlich" eingestuft wurden). Mindestens genauso wichtig war, dass die vermeintliche Universalität des Menschen es der Forschung erschwerte, die ganze Bandbreite politischer Subjektivitäten anzuerkennen, die unter den Bedingungen der rassifizierten Sklaverei entstanden – vor allem jene, die weniger auf einer Hierarchie von Mensch und Nicht-Mensch aufbauten, sondern die materiellen und spirituellen Beziehungen zwischen menschlicher und nicht-menschlicher Sphäre stärker horizontal statt vertikal dachten. Solche kritischen Interventionen haben es möglich gemacht, eine Politik der radikalen Möglichkeit zu erkennen, die über das Streben hinausgeht, rechtstragende Subjekte innerhalb des Nationalstaates zu werden; der Schwarze Freiheitskampf war natürlich immer größer.[11]

In der Zwischenzeit hat sich eine zweite Verschiebung ergeben, vorangetrieben vor allem durch die Schriften Schwarzer feministischer Forscherinnen wie Saidiya Hartman, die am Unvermögen des Archivs verzweifelt sind, zu vermitteln, was innerhalb der Grenzen eines Sklavenschiffs oder an anderen Orten unergründlicher und in der Tat nicht darstellbarer Gewalt „wirklich geschah". Einem Archiv ist es logischerweise inhärent, den Staat und das Imperium zu naturalisieren, die es erschaffen haben; aber bei der Sklaverei ist, in Hartmans Worten, „der Ursprung des Archivs auf Gewalt gegründet" und entfaltet sich als „Chronik eines vorausgesagten und erwarteten Todes", als eine Litanei von Vergewaltigungen und Ungerechtigkeiten, von „Exzess und Skandal", die dem bereits kommodifizierten Schwarzen Körper angetan wurden. Wir besitzen nur das Archiv der Sklavenhalter, das kaum Möglichkeiten bietet, die wirklichen Geschichten der Versklavten zu erzählen. Anhand dieses Archivs können wir vielleicht eine neo-abolitionistische Geschichte schreiben, die darauf abzielt, eine vermeintlich (*weiße*) Leserschaft davon zu überzeugen, dass Schwarze auch Menschen sind, indem sie unter anderem Beispiele der Erniedrigung von Schwarzen reproduziert; aber für einige Teile der Forschung, insbesondere desjenigen Teils, der selbst in der afrikanischen Diaspora verankert ist, kann das kaum ein erstrebenswertes intellektuelles oder politisches Ziel sein. In einem oft zitierten Artikel mit dem Titel „Venus in Two Acts" und dann in *Wayward Lives, Beautiful Experiments*, einem Buch über das Leben von Schwarzen an der Wende zum 20. Jahrhundert, erhob Hartman den methodologischen Anspruch, „gegen die Grenzen des

---

11 Bogues (2006); McKittrick (2015); Allewaert (2013); Weheliye (2014); King (2019).

Archivs anzugehen ... und die Unmöglichkeit, das Leben der Gefangenen gerade durch den Prozess des Erzählens zu repräsentieren, zu inszenieren". Hartmans „kritisches Fabulieren" weicht von vielen Konventionen ab, die die Geschichtswissenschaft und die Sachliteratur im Allgemeinen gebunden haben. Hartman interessiert sich weniger für das *Vielleicht, Möglicherweise* und *Hätte* einer durch den Konjunktiv und konditionale Formulierungen gekennzeichneten spekulativen Geschichte, sondern setzt stattdessen „die Stimme des Erzählers und der Figur in eine untrennbare Beziehung", um ihren Figuren eine Innerlichkeit und Subjektivität zu verleihen, die das Archiv wohl nie offenbaren sollte, ja, zu deren Unterdrückung und Auslöschung es vielleicht sogar gedacht war.[12]

Hartmans Interventionen haben „das Problem des Archivs" zu einer zentralen Frage für die Erforschung der atlantischen Sklaverei gemacht. Wissenschaftlerinnen wie Marisa Fuentes und Jessica Marie Johnson haben die Standardmethoden der Sozialgeschichte als unzureichend für die Aufgabe erklärt, die Erfahrungen afrikanischer und afrikanisch-stämmiger Frauen in den Amerikas zu vermitteln.

Die Sozialgeschichte spürt für gewöhnlich die Erfahrungen von Menschen am Rande der Gesellschaft auf, indem sie Register, Rechnungsbücher, Protokolle und andere dokumentarische Aufzeichnungen nach ihnen durchforstet. Sie haben aber nicht die Kraft, die Schichten des anti-Schwarzen Rassismus zu durchbrechen, die das Archiv der Sklaverei strukturieren, und so müssen diejenigen in der Forschung, die nach den Subjektivitäten der Versklavten suchen, auf kreative Weise mit dem Schweigen arbeiten. Diese Art der Kritik trennt nicht mehr zwischen Vergangenheit und Gegenwart und bezieht ihre empirische Skepsis aus der anhaltenden Prekarität Schwarzen Lebens angesichts der heutigen Realität von Masseninhaftierungen, endemischer Polizeigewalt, ökologischem Rassismus beispielsweise bei der Wasserversorgung in Flint (Michigan) und der kollektiven Gleichgültigkeit gegenüber dem Leid von Schwarzen nach Naturkatastrophen wie die Wirbelstürme Katrina und Maria oder das Erdbeben in Haiti 2010. Die Allgegenwart von Gewalt und Tod im Leben Schwarzer Menschen und die Bedingungen dessen, was Christina Sharpe als „Leben im Kielwasser" bezeichnet hat, macht die Sklaverei weniger zu einer scharf eingrenzbaren geschichtlichen Epoche als vielmehr zu einer sich ständig und immer wieder entfaltenden Verneinung der Menschlichkeit von Schwarzen. In dem Maße, in dem die Folgen der Sklaverei als fortlaufend und dauerhaft verstanden werden, wird das Archiv der Sklaverei leicht zu einem Ort der Reproduktion des anti-Schwarzen Kerns westlicher Epistemologien und erfordert daher immer größere Anstrengungen, die Res-

---

12 Hartman (2008); Hartman (2019).

ilienz sichtbar zu machen, die gleichzeitig auch die Schwarze Erfahrung in den Amerikas charakterisiert.[13]

Bisher hat die Sklavereiforschung in den USA nicht explizit auf Ansätze des neuen Materialismus gesetzt, um einen Ausweg aus der Sackgasse, in die das Archiv unweigerlich führt, zu finden. Doch bestehen ganz offensichtlich Affinitäten, insofern als sich die derzeit aktuelle Sklavereiforschung aus den USA, genau wie die Ansätze des neuen Materialismus, nicht sonderlich um das autonome liberale Subjekt scheren. Beide erkennen multiple, simultane und asynchrone Zeitachsen an, bei denen Anfang und Ende nicht klar sind. Beide verorten sich im Raum des Nichtwissens, beide sind mehr auf Prozesse denn auf endgültige Ergebnisse fokussiert, und beide stellen sich auf den Standpunkt, dass die Geschichte, die am dringendsten nach ihrer (Neu-)Erzählung verlangt, diejenige ist, die per Definition nicht in den traditionellen dokumentarischen Archiven enthalten sein kann.[14] Zudem können diejenigen, die zur Sklaverei forschen, den vermeintlichen Innovationen eines Materialismus, der glaubt, sich selbst für die Befreiung von westlichen Epistemologien und den falschen Binaritäten von Subjekt/Objekt, Mensch/Nichtmensch, Materie/Ideologie beglückwünschen zu dürfen, mit einigem Zögern begegnen. Wenn man nämlich nicht *prima facie* auf diesen Dualismen aufbaut, wenn man nicht von der Annahme ausgeht, dass eine unbelebte materielle Welt immer schon für den menschlichen Gebrauch instrumentalisiert war, dann braucht man keinen neuen theoretischen Apparat, um eine über das *rein Menschliche hinausgehende* Geschichte zu konzeptualisieren. Geschichtswissenschaften, die sich mit afrikanischen Kosmologien und deren Ausformungen in den Amerikas beschäftigten, sind schon seit Langem auf die belebten Universen ihrer Subjekte eingestimmt. Die Simbi-Geister, die die Gewässer in South Carolina bewohnen, die baKonga-Kosmogramme, die in den Sklavenhütten in Texas gefunden wurden, die Obeah-Heilpraktiken auf Jamaika und die afro-kubanischen Ngangas zeugen alle von Weltanschauungen, die sich den Dichotomien der westlichen Ontologie widersetzen. Dies deckt sich in der Tat mit einer breiteren Kritik am neuen Materialismus, die aus den indigenen Studien und anderen Bereichen kommt, die Agency nicht als einzigartig menschliches Attribut konzipieren und stattdessen alle Dinge als ständig in Bewegung, werdend und nicht-werdend, immerzu im Fluss und nicht greifbar betrachten. Diese Art von Sensibilität ist im Bereich der Sklavereiforschung kaum verbreitet, deutet aber auf einen von mehreren Gründen hin, warum der neue Materialismus von diesem

---

13 Fuentes (2016); Johnson (2020); Sharpe (2016).
14 Schneider (2020).

Forschungsfeld bisher nicht enthusiastisch als ein paradigmatischer Wechsel angenommen wurde.[15]

Das materielle Leben der Plantagengüter

Bisher hat sich der Vortrag mit den jüngsten „Verschiebungen" in den Bereichen der Arbeitsgeschichte und der Sklavereiforschung beschäftigt, da die unter diesen jeweiligen Oberbegriffen versammelten Personen versuchen, die materielle Welt der Arbeit unter kapitalistischen Produktions- und Reproduktionsregimen zu erklären. Meiner Meinung nach könnten es sich beide Felder leisten, „*ding*-licher" zu werden, und zwar nicht unbedingt als Imperativ verstanden, sondern vielmehr als eine Einladung, bestehende Fragen in Bezug auf Arbeit mit einem neuen Fokus auf Interaktionen zwischen der menschlichen und der nichtmenschlichen Sphäre zu beantworten. Anders ausgedrückt, denke ich, dass Aspekte des neuen Materialismus – eher im Sinne einer Sensibilität dafür, wo man nach neuen Beweisen, neuen Antworten suchen sollte, denn als politische Verpflichtung oder philosophische Position einer Symmetrie der Agency aller Dinge – unserer Erforschung der Plantagensklaverei in den Amerikas als Teil der Arbeitsgeschichte besonders zu Pass kommen können.

In meiner eigenen Forschung habe ich dies versucht, indem ich die Produkte untersucht habe, die in Neuengland für den Gebrauch auf den Sklavenplantagen entlang der expandierenden Plantagengrenze im Süden der USA hergestellt wurden. Diese Hüte, Hacken, Schaufeln, Schuhe, Äxte und vor allem Textilien, die insgesamt als sogenannte „Plantagenwaren" hergestellt und vermarktet wurden, schufen eine Brücke zwischen dem Arbeitsleben der Bauernfamilien in Neuengland, die in den verarbeitenden Sektor integriert wurden, mit dem Arbeitsleben der Schwarzen Familien, deren Zwangsarbeit Baumwolle zum wertvollsten Exportgut der Nation machte. Diese Geschichten in denselben Rahmen zu stellen, ist immer noch ein gewisses Novum in der US-amerikanischen historiografischen (und bürgerlichen) Tradition, welche Sklaverei und Kapitalismus als unterschiedliche Produktionsweisen versteht, die immer antagonistisch und letztlich dazu bestimmt waren, ihren Konflikt im Amerikanischen Bürgerkrieg auszutragen. Im letzten Jahrzehnt hat eine sehr aktive Forschungsgemeinde die wirtschaftlichen Verflechtungen zwischen dem „freien" Norden und dem „versklavenden" Süden ans Tageslicht geholt, wobei dieser Prozess mit der Erkenntnis begann, dass das entstehende Fabriksystem im Norden weitgehend von der

---

15 Dawson (2018); Kimmerer (2013).

im Süden produzierten Baumwolle abhängig war. Eric Williams zeigte bereits 1944 in seinem Klassiker „Capitalism and Slavery" für die britische Geschichte die Untrennbarkeit des britischen Sklavenregimes und der Industrialisierung auf. Obwohl der US-Geschichtsschreibung noch immer so ein Werk fehlt, haben eine Reihe von Einzelstudien die finanziellen und kommerziellen Ko-Dependenzen zwischen beiden Regionen nachgezeichnet und überzeugend zeigen können, dass der US-amerikanische Kapitalismus sich so entfaltet hat, wie er es tat, gerade weil die Kommodifizierung Schwarzer US-amerikanischer Menschen, der Export der von ihnen unter Zwang und Gewalt produzierten landwirtschaftlichen Güter und die Rassenideologie, die beides legitimierte, letztlich die politische Ökonomie der Nation als Ganzes strukturiert haben.[16]

Um diese Geschichte so konkret wie möglich zu machen, habe ich mich auf Werkzeuge und Textilien konzentriert. Der Handel mit Versorgungsgütern war nicht der lukrativste Aspekt des „Sklavenhalter-Kapitalismus" und verbrauchte auch nicht die gleiche politische Energie wie die Debatten über die Zollpolitik, aber er verband Leben und Lebensgrundlagen über große Entfernungen hinweg auf eine Weise, die spür- und greifbar war.

Ein Aspekt der neuen materialistischen Analyse besteht darin, den Dingen eine „verbindende Kraft" zuzugestehen: sich ihrer Fähigkeit bewusst zu werden, menschliche und nicht-menschliche Sphären in einem gemeinsamen Raum zu vereinen, spezifische Beziehungen über Raum und Zeit hinweg zu erzeugen und die Energien diffuser Netzwerke und Systeme (ökonomisch, ökologisch, technologisch, biologisch und so weiter) zu materialisieren, die immer vorhanden sind, aber oft übersehen werden. Nehmen wir als Beispiel den rostroten *Brogan*, einen in Neuengland hergestellten Schuh, der für zweitausend Meilen weit entfernt lebende versklavte Menschen bestimmt war und über den ich gleich noch ausführlich sprechen werde. Der Brogan beruht auf einem breiten Gemisch aus Fachwissen und Materialien, die von weit her zusammengetragen wurden: Holzpflöcke aus nahegelegenen Wäldern, Eisennägel, die aus Erz geschmiedet wurden, das von jenseits des Atlantiks gekommen sein könnte, und Leder, das einst einer Kuh gehörte, die in der argentinischen Pampa weidete. Das Hirn einer vermutlich lokalen Kuh wurde vielleicht zu der Lösung verkocht, mit der die importierten Kuhhäute gegerbt wurden, was eine sehr alte Gerbertechnik, die wir vielleicht als „Volkswissen" bezeichnen würden, in eine moderne Form standardisierter Produktion brachte. Der Brogan setzte ausgedehnte Netzwerke des Handels, der Kommunikation und des Transports in Gang und beschwor gleichzeitig Wissen herauf, das sich über Generationen hinweg darüber ange-

---

16 Williams (1944); Beckert und Rockman (2016).

sammelt hatte, was einen Schuh ausmachte, wie seine Bestandteile miteinander verbunden werden sollten und wie die Person, die ihn herstellte, aussehen sollte, wo sie ihre Arbeit verrichten und wie sie ihren Körper halten sollte. Im Schuh kreuzten sich mehrere Zeitebenen, gesellschaftlich etwa die geschlechtsspezifische Arbeitsteilung, die, als die Broganherstellung in den 1810er Jahren ernsthaft begann, in Neuengland schon mehrere Generationen lang bestand; andere in Bezug auf den Stoffwechsel, etwa, wenn Bäume, die ein Jahrhundert zuvor gepflanzt worden waren, zur Herstellung von Holzpflöcken geerntet wurden; und wieder andere technologisch, wie neu patentierte Maschinen, die das etablierte Verständnis davon aufbrachen, wie und womit ein Schuh herzustellen war. Obwohl im Brogan materielle und immaterielle Elemente zusammenkamen, war er nie „fertig". Er war immer im Prozess und im Fluss, da Hitze und Feuchtigkeit (noch vor der Begegnung mit verschwitzten Füßen, Hunderten Pfund Druck und unwegsamem Gelände) die inhärente Tendenz aller Materie zur Zersetzung beschleunigten. In diesem weiteren Sinne ist ein Schuh nie einfach nur ein Schuh, sondern vielmehr der Schnittpunkt mehrerer menschlicher und nicht-menschlicher Geschichten, die sich mit unterschiedlichen Geschwindigkeiten bewegen, von unterschiedlichen Kräften aktiviert werden und auf unterschiedliche Ergebnisse zusteuern. Dies passt dazu, wie der Archäologe Ian Hodder den oft gehörten Begriff „entangled" (verwoben) als Aufforderung verwendet hat, „mechanische, molekulare Dinge mit ihren eigenen Temporalitäten und Interaktionen zu verbinden."

In diesen Begriffen zu denken, ist nicht unbedingt unvereinbar mit den analytischen Instinkten, die die Arbeitsgeschichte in den letzten Jahren beflügelt hat: die Suche nach globalen Zusammenhängen, die Integration heterogener Produktionssysteme in ein größeres Ganzes und die Erkenntnis, dass vielfältige Kräfte (die oft auf „intersektionale" Weise zusammenwirken) die Art und Weise formen, wie Macht in der Welt funktioniert. Die Prämisse, dass Dinge sich versammeln, beschwören, suchen und finden können, lädt uns dazu ein, bei der Analyse der Arbeit – im Herzen der kapitalistischen Warenproduktion – miteinander verknüpfte, verflochtene und in der Tat verwobene Geschichten in den Vordergrund zu stellen. Das heißt, wenn der „alte Materialismus" der Arbeitsgeschichte die Ware traditionell als ein träges Objekt betrachtet hat, das als Teil des kapitalistischen Strebens nach Profit ins Leben gerufen wurde, könnte der neue Materialismus ein neues Verständnis der Ware, nämlich als mit einem Eigenleben ausgestattet, hervorbringen – nicht als ein soziales Leben, das durch seine Interaktionen mit Menschen charakterisiert ist, sondern als ein materielles Leben, das durch Wachstum, Verfall, Ausdünstung, Verhärtung und Transformation auf eine andere Weise definiert ist, die sich letztlich der binären Logik von Akteur und Objekt widersetzt. Arbeit im Kapitalismus erscheint beziehungsgebundener und vielseitiger, wenn die Ware selbst als in Prozesse eingebettet verstanden wird, die sich menschlichen Absichten ebenso leicht widersetzen, wie sie sie widerspiegeln. Es geht mir also nicht um die falsche Wahl zwischen dem Erzählen menschlicher Geschichten und dem Erzählen nicht-menschlicher Geschichten. Es geht nicht um eine Frage des *Entweder-Oder*, sondern vielmehr um einen *Sowohl-als-auch*-Ansatz an der Schnittstelle zwischen dem Sozialem und dem Materiellen.

Ein vielversprechender Weg ergibt sich in der Auseinandersetzung mit neueren Forschungen über Design und das Konzept der Affordanzen.[17] So lenkt etwa Jenny L. Davis unsere Aufmerksamkeit auf „einen subtilen Tanz, in dem technologische Objekte mit unterschiedlichem Nachdruck schieben und ziehen, während menschliche Subjekte mit mehr oder weniger Motivation, Kreativität und Geschick steuern". Während ein Großteil der Forschung in diesem Bereich vergleichsweise komplexe Technologien und Systeme – die Benutzeroberfläche einer Web-Suchmaschine oder die Landschaftsarchitektur von Stadterneuerungen – untersucht hat, ließe sich das Konzept genauso gut auf ein Paar Schuhe anwenden, vor allem, wenn wir mit der einfachen Frage beginnen, „wie uns Objekte Möglichkeiten eröffnen oder verschließen". Wie jede Person, die Schuhe trägt, weiß, bestimmen Designelemente (Stahlkappen, Stollensohlen, Schnürsenkel mit verstärkten Ösen, 5-Zoll-Stiletto-Absätze usw.) in Verbindung mit den Eigenschaften der verwendeten Materialien (wasserdicht, atmungsaktiv, dehnbar usw.), ob eine Person an einem verschneiten Tag einen Hügel hinaufsteigen, eine Kopfsteinpflasterstraße bewältigen oder einen 10-km-Lauf in einer respektablen Zeit absolvieren kann. Dies sind keine sozialen Überlegungen in Bezug darauf, was modisch oder angemessen ist, sondern Variablen, die die Mobilität selbst erleichtern oder behindern. Ähnlich könnte man über praktisch jeden Aspekt der materiellen Infrastruktur der Plantagenarbeit nachdenken: eine Axt oder Hacke, einen Hut, einen Pflücksack oder ein Paar Hosen. Davis stellt ein Vokabular zur Verfügung, um über Affordanzen nachzudenken als die Fähigkeiten eines Gegenstandes, „[etwas] zu verlangen, zu fordern, zu ermutigen, zu entmutigen, zu verweigern und zu erlauben". So bildet sich ein dynamischer und dialogischer Rahmen für die Analyse der verkörperten und materiellen Arbeit.[18]

---

17 Nutzungshinweise für Dinge, Angebotscharakter von Dingen, handlungsauffordernde Umweltgegebenheiten für den Umgang mit Dingen, zum Beispiel die Elemente der architektonischen Planung oder des Produktdesigns, die den Benutzer (ob er es merkt oder nicht) dazu anleiten, im Uhrzeigersinn um einen Brunnen in einem öffentlichen Park zu gehen oder nur eine Serviette nach der anderen aus einem Spender in einem Restaurant zu nehmen.
18 Davis (2020), 10-11.

Nehmen wir uns nun ein paar Minuten Zeit, um weiter über die bereits erwähnten rostroten Brogans nachzudenken. Als Produkt tauchen Brogans in den Anzeigen für flüchtige Versklavte, in den Werbeprospekten der Ladenbesitzer und Händler in den Südstaaten, aber auch in den Aufzeichnungen von Sklavenbesitzern auf, die ihre Betriebskosten den Einnahmen aus dem Baumwollverkauf gegenüberstellten. Aus Rinderleder hergestellt, hatten diese Schuhe eine rötliche Farbe und fühlten sich steif an, weil sie nicht den vollen Gerbungs- und Bearbeitungsprozess durchlaufen hatten. Das Prädikat „grob" haftete ihnen an, sowohl bei den Herstellerfirmen in Neuengland, als auch in den Erinnerungen der älteren Männer und Frauen in den 1930er Jahren, die ihre Kindheit noch in Versklavung verbracht hatten. Wir könnten uns das Schuhwerk als eine Art Arbeitsgerät vorstellen, das die Versklavten für ihre Arbeit benötigten, und gleichzeitig als eine Investition der Sklavenhalter für die Werterhaltung einer Investition, die sie bereits in rechtlich kommodifizierte arbeitende Männer und Frauen getätigt hatten. Allerdings hatten die Merkmale eines Brogans Konsequenzen für diejenigen, die ihn trugen, die über den grundlegenden Schutz der Füße hinausgingen. Ein beträchtlicher Prozentsatz der Brogans wurde so hergestellt, dass sie beiden Füßen passten, „Straights" in der Sprache der Schuhmacher. Die Schuhe waren nahezu geradlinig („straight-lined") geformt und berücksichtigten ausschließlich die Länge als einziges bedeutendes Merkmal des Fußes; sie wurden nicht in Hinblick auf Beweglichkeit oder Komfort entworfen, was in den Augen der Sklavenhalter eher eine Funktion als ein Fehler gewesen sein mag. Die Schuhe wurden in standardisierten Größen ausgegeben, die nicht notwendigerweise zu jedem einzelnen Fuß passten und Personen mit schmaler Fußsohle, einem hohen Fußgewölbe oder langen Zehen nicht entgegenkamen. Ein Brogan konnte mit einem einzigen Satz Löcher für Schnürsenkel ausgestattet sein (gegen Aufpreis vom Hersteller), aber es gab keine Garantie, dass er ausreichend am Fuß befestigt war, um das Rennen bei voller Geschwindigkeit zu ermöglichen. Steife Schuhe mit dicken Sohlen, undifferenziert nach linkem oder rechtem Fuß, könnten es den Personen, die sie tragen mussten, erschwert haben, sich heimlich durch den Raum zu bewegen, was den Brogan von einer Form des Fußschutzes für die Versklavten zu einem Instrument der Kontrolle seitens der Sklavenhalter machte. In diesem Sinne können wir erkennen, dass Brogans eine Funktionalität besaßen, die, um Davis Sprache der Affordanzen zu verwenden, ein gewisses Maß an Schutz vor den Elementen *erlaubte* und gleichzeitig Beweglichkeit und Komfort *verweigerte*.

Zweifelsohne war das Fehlen von Schuhwerk ein noch viel größeres Hindernis für die Überlebens- und Widerstandsstrategien der versklavten Menschen sowie für die Ziele der Sklavenhalter, Arbeitskraft aus ihrem versklavten Eigentum zu extrahieren und dessen Wert zu schützen. Erfrierungen, parasitäre Infektionen, Schlangenbisse und Stichwunden schwächten die versklavten Menschen oder endeten für sie gar tödlich. Nackte Füße mit Narben und Schwielen konnten vielleicht einen Waldweg oder eine steinige Landstraße entlangwandern, aber die damit möglicherweise verbundenen Schmerzen konnten diejenigen, die auf diese Schuhe angewiesen waren, davon abhalten, beispielsweise für ein nächtliches Treffen zu einer benachbarten Plantage zu laufen, aber auch mit maximaler Geschwindigkeit Zuckerrohr zu schneiden oder das Unterholz zu roden. Aus der Perspektive der Sklavenhalter mussten die Brogans also den Füßen seines Eigentums ein gewisses Maß an Schutz bieten, aber auch nicht zu viel. Aus der Perspektive der Versklavten jedoch hatten die Affordanzen der Brogans weitreichendere politische Konsequenzen, weil kollektiver Widerstand wie auch das Familienleben von der Mobilität innerhalb, außerhalb und zwischen den Plantagen abhing. Wiederum in der Sprache der Affordanzen, *entmutigten* Brogans diejenigen, die sie tragen mussten, zu fliehen und sich zwischen Plantagen zu organisieren, was neue Bande der Solidarität hätte hervorbringen können. Des Weiteren beeinträchtigte das Schuhwerk die Aufrechthaltung der für die Familienbildung unter den Bedingungen der Sklaverei so charakteristischen Ehen zwischen Versklavten verschiedener Plantagen.[19]

Ein zusätzliches Design-Element von Brogans war ihre Herstellung nach einer numerischen Größenskala auf der Basis der Fußlänge in Zoll. Die Größen waren in der Branche nicht standardisiert: Eine Firma in Massachusetts stellte Brogans in sechs Größen her, während eine andere sieben verwendete (von Größe sechs bis zwölf). Obwohl Sklavenhalter oft Bestellungen aufgaben, die die Maße der Füße ihrer Sklaven bis auf ein Achtel Zoll genau enthielten, schickten die Hersteller häufige „sortierte" Kisten zurück, die vor allem Schuhe in der Mitte des Spektrums enthielten, womit garantiert war, dass kleinfüßige Menschen zu große, und großfüßige Menschen zu kleine Schuhe bekamen. Da viele Sklavenhalter Aufzeichnungen über die Fußmaße ihrer Sklaven sowie die Größen der verteilten Schuhe führten, wurde die Größe eines Brogans zu einem Identifikationsmerkmal für das Auffinden und Wiedereinfangen flüchtiger Sklaven. Harvy zum Beispiel, der 1856 vor seinem texanischen Besitzer floh, konnte an seiner Größe („sechs Fuß groß"), seiner Hautfarbe („hell"), seinen Fähigkeiten („macht gute Zimmermannsarbeiten"), seinem Glauben („ein Baptistenprediger") und seiner Schuhgröße („trägt Brogans in Schuhgröße 12") erkannt werden.[20]

Unabhängig von ihrer Fähigkeit, Mobilität zu ermöglichen oder zu erschweren, leisteten Brogans aufgrund ihrer Machart auch eine bedeutsame kulturelle Arbeit. Zum Beispiel stützten Brogans das rassistische Stereotyp von den über-

---

19 Perry (2017).
20 Pier (1856).

großen Füßen der Schwarzen, da Witze und Karikaturen, die in der *weißen* Populärkultur kursierten, die Aufmerksamkeit auf das Missverhältnis zwischen den Füßen der Schwarzen und den Schuhen, die sie zu tragen hatten, lenkten. Der Brogan könnte auch eine Rolle beim Gang und der Körperhaltung der versklavten Menschen gespielt haben, die dann auch von *weißen* US-Amerikanern persifliert wurden, um die Faulheit derer zu implizieren, die gewaltsam gezwungen wurden, in einem maßlosen Tempo zu arbeiten. Vor allem aber gehörten Brogans im Gesamtkatalog der Kleidungsstücke des 19. Jahrhunderts zu den ganz wenigen Produkten, die nicht nach Geschlechtern differenziert waren. Eine eigene Kategorie von *Brogans für Frauen* fehlte fast völlig in Anzeigen sowie bei Bestellungen und Größenangaben der Hersteller. „Unisex" wäre das Wort, das wir heute für solche Waren verwenden würden, aber in der Zeit der Sklaverei war dies keine Verbraucherkategorie, und infolgedessen trugen versklavte Frauen das, was für Hersteller und Sklavenhalter Männerschuhe waren. In diesem Sinne hatten Brogans auch die Funktion, innerhalb der allgemeinen Kultur strikter Geschlechtertrennung die Existenz Schwarzer Weiblichkeit anzufechten. Man könnte dies als eine besondere Form der Gewalt der Sklaverei betrachten, vergleichbar mit Praktiken anderer repressiver Regimes oder etwa von Gefängnissen, die Frauen durch den Zwang zum Tragen von Hosen oder das Abschneiden ihrer Haare entschlechtlichen.[21]

Der Brogan war kein unveränderlicher Gegenstand. Die Versklavten kannten eine Reihe von Strategien, um die Schuhe so zu verändern, dass sie ihnen verschiedene andere Möglichkeiten eröffneten. Brogans konnten durch das Auftragen verschiedener Substanzen, die innerhalb und am Rande der Plantage verfügbar waren, weicher oder auch wasserdicht gemacht werden: Bienenwachs, Kiefernharz und tierische Fette waren nützlich, die Eigenschaften der Schuhe zu verändern; sie bezeugen die Interaktionen zwischen nicht-menschlichen Elementen. Außerdem hatten Brogans, wie alle Schuhe, einen eigenen Lebenszyklus, da sie sich durch die Wechselwirkungen zwischen dem Fuß des Menschen, der sie trug, dem Leder des Schuhs und dem Untergrund, auf dem sie getragen wurden, wandelten. Irgendwann würde der Schuh eingelaufen sein, doch dieser Moment kam sicherlich in gefährlicher Nähe zu dem Moment, in dem andere Elemente des Brogans begannen, sich zu zersetzen und ihre strukturelle Integrität zu verlieren. Niemand erwartete, dass die Schuhe länger als eine Saison hielten, obwohl sie vielleicht nur einmal im Jahr ausgetauscht wurden.

Für versklavte Menschen waren die Brogans eng mit der körperlichen Erfahrung der Sklaverei selbst verbunden. Nicht passende Schuhe machten es ihnen

---

[21] Allain (2020).

schwer, die Arbeitsanforderungen zu erfüllen und erhöhten ihre Verwundbarkeit, als Vergeltung für das verpasste Arbeitssoll körperlicher Gewalt ausgesetzt zu werden. Die Unzulänglichkeiten des Schuhwerks, die Personen, die sie trugen, etwa vor Erfrierungen oder scheuernden Oberflächen zu schützen, die an den Fersen Blasen und an den Knöcheln Narben verursachten, waren ein zusätzlicher Aspekt einer eher chronischen als episodischen Gewalt und kennzeichnend für die langen Stunden, denen die versklavten Menschen bei der Feldarbeit den Elementen ausgesetzt waren. Die Versklavten waren sich der materiellen Bedingungen ihrer Unfreiheit sehr bewusst und erkannten, dass ihr Schuhwerk manche Möglichkeiten zuließ, andere verhinderte. Den Brogans fehlte ein Wille, um als eigenständige Akteure auftreten zu können, aber ihre Machart verlieh ihnen Eigenschaften, die ihre menschlichen Träger wirksam in verschiedene Richtungen drängten und zogen, von denen einige dem Kampf für Befreiung dienlich waren und andere die Ketten der Sklaverei immer fester zogen.

Ähnlich wie mit den Schuhen deuten auch weitere Ausrüstungen auf die Möglichkeit der Erzählung einer haptischen Geschichte der Sklaverei hin, eine, die sich darauf konzentriert, wie es sich anfühlte, versklavt zu sein, nicht im Sinne eines Affekts oder eines Gefühls, sondern durch die Berührung eines Wollhemdes, das eng genug gewebt war, um die Arme darin vor Schnitten durch die Stängel einer Baumwollpflanze zu schützen, während es gleichzeitig aus einem Material hergestellt war, das „atmete", „Wasser aufsog" und die Eigenschaften dessen besaß, was wir heute als „Hochleistungsstoff" bezeichnen würden.

Was ich vorschlage, ist ein Mechanismus zur Erweiterung des unzulänglichen Archivs der Sklaverei, indem wir über dokumentarische Quellen hinausgehen und uns stattdessen auf die materiellen Interaktionen von Menschen und Dingen konzentrieren. Ein allgemeiner Aufruf, materielle Kultur in die Geschichte der Sklaverei einzubeziehen, wäre natürlich kaum neu. Aber gibt es Möglichkeiten, Elemente einer *mehr-als-menschlichen* Geschichte als Lösung für das Problem des Archivs zu mobilisieren? Vielleicht könnte es gut funktionieren, die materielle Welt als Archiv zu sehen – als Speicher und Aufbewahrungsort von Erfahrungen oder sogar Gesten, Haltungen und flüchtigen Darbietungen, die andernfalls „für die Geschichte verloren" gehen könnten.

Ich möchte im Folgenden ein wenig über die an die versklavten Menschen verteilte Kleidung sprechen, die das Beschaffungssystem für sie bereithielt, und ihre Fähigkeit, körperliche Erfahrungen der Versklavung zu vermitteln. Die Einführung von Konfektionsbekleidung aus Rhode Island auf den Plantagen in Natchez, Mississippi, im Jahr 1836 verlief nicht reibungslos. Die Sklavenhalter beklagten sich über schlechte Webarbeit, minderwertige Stoffe und von der Bestellung abweichende Kleidergrößen. Die Jacken und Hosen für Stephen Duncans Sklaven saugten sich so sehr mit Wasser voll, „dass ein N*, wenn er nass wurde, nicht mehr in der Lage sein würde, in ihnen zu laufen, geschweige denn zu arbeiten". Duncan schrieb in seiner Beschwerde weiter, dass der Stoff „zu dünn ist und nicht wärmt" und die Größen falsch zugeschnitten seien, so dass „sie ungefähr der Hälfte meiner Leute entweder gar nicht oder nur schlecht passen". Die Kleidung wurde nach der Körpergröße bemessen, aber egal ob ein Mann 1,60 Meter oder 1,80 Meter groß war, seine Hose hatte einen um knapp vier Zentimeter zu breiten Taillenumfang und die Länge der Hosenbeine war um knapp vier Zentimeter zu kurz. Die Jacke hatte Armlöcher, die um vier Zentimeter zu klein waren sowie zu schmale Schulterteile. Duncan mag eine enorme „Enttäuschung" empfunden haben, „meinen Leuten solche Kleidung aushändigen zu müssen", aber es waren seine Leute, wenn wir ihm diesen Euphemismus für sein versklavtes Eigentum durchgehen lassen, die die Last trugen, in Kleidung arbeiten zu müssen, die nicht vor Regen schützte, die Kälte nicht abhielt und keine volle Bewegungsfreiheit zuließ.[22]

Damals war es allgemein Arbeitenden, unabhängig von ihrem rechtlichen Status, vertraut, in einer schlechtsitzenden Jacke zu arbeiten, die den Körper kaum vor den Elementen schützte. Die Qualität der Kleidung, die unter dem Beschaffungssystem der Sklaverei verteilt wurde, unterschied sich nicht sehr von der Kleidung, die damals der *weißen* Arbeiterschaft in den Fabriken zur Verfügung stand oder jenen Personen, die sich auf kleinen Farmen mit Subsistenzlandwirtschaft durchschlugen. Versklavte Männer und Frauen gehörten (nach Matrosen und Soldaten) zu den ersten US-amerikanischen Arbeitenden, die mit „Konfektionskleidung" ausgestattet wurden, d. h. mit Jacken, Hemden, Kutten und Hosen, die in standardisierten Größen für alle, die sie tragen sollten, in Fabriken an fernen Orten hergestellt wurden. Die Produzenten in Neuengland und den Mittelatlantikstaaten entwickelten Größensysteme, bei denen die Körpergröße die wichtigste Variable war, was mit hoher Wahrscheinlichkeit dazu führte, dass diejenigen, denen die Kleidung zugewiesen wurde, sich mit ihren natürlicherweise unterschiedlich proportionierten Körpern in zu lockerer oder zu enger Kleidung wiederfanden. Obwohl es gemeinhin leicht festzustellen war, dass sich Sklaven aufgrund ihrer schlechtsitzenden Kleidung außerhalb des Rahmens dessen befanden, was zu ihrer Zeit als modisch galt, war ihr Aussehen, unabhängig von irgendwelchen ästhetischen Aspekten, für die Feldarbeit relevant. Hosen, die immer wieder herunterrutschten, oder Hemden, die die Bewegung einschränkten, waren keine „passenden" Anfertigungen für Männer und Frauen, die, wenn sie sich nicht schnell durch die Baumwollreihen bewegen konnten, anfälliger für die Gewalt der Aufseher und Antreiber wurden.

---

22 Duncan (1837).

Kleidungsstücke haben ihre eigenen Lebenszyklen und verändern sich durch Abnutzung oder durch die abwägenden Bemühungen der Personen, die sie trugen. Der Eingewöhnungsprozess konnte Wollstoffe weicher machen, aber es muss damals nur ein kurzes Zeitfenster gegeben haben zwischen dem Zeitpunkt, an dem ein kratziges Hemd durch die kombinierten Kräfte von Schweiß, Regen, Lauge, Sonnenschein und Reibung weich und „verfilzt" wurde, und dem Zeitpunkt, an dem das Hemd in Fetzen lag. Sklavenkleidung konnte nicht nur Wolle von Schafen enthalten, die in Argentinien oder Smyrna geweidet hatten, sondern auch Haare von Kälbern, Ziegen, Kamelen oder Vicuña, eines andinen Verwandten des Alpakas. Eine weitere Zutat war recycelte Wolle, die oft als „Abfall" bzw. „Noil" [Kämmlinge] bezeichnet wurde und später als „Shoddy" [Putzwolle oder Reißwolle] bekannt war. In den Textilfabriken des Nordens wurden die Stoffe häufig mit Hilfe von Eisenbeizen gefärbt, durch die die Fasern mit der Zeit brüchig wurden, vor allem, wenn sie über längere Zeit dem Sonnenlicht ausgesetzt waren. Im Süden kamen die Stoffe von Motten und Würmern zerfressen, von Schimmel und Pilzen befallen und modrig riechend an. Oder sie waren durch die Mittel marodiert, die Tiere und Parasiten abschrecken sollten. Tabak und Kampfer mögen erträglich gewesen sein, aber nicht der „Haifischöl"-Geruch, der von den blauen Wollstoffen aus Rhode Island ausging; obwohl es, bedenkt man, dass Indigogarne in Fässern mit fermentiertem Urin gefärbt wurden, auch hätte schlimmer sein können.[23]

Auf unterschiedlichste Art und Weise veränderten versklavte Menschen die Waren, die ihnen zugeteilt worden waren: Sie färbten Stoffe in schöneren Farben, rissen Nähte auf und schneiderten schlechtsitzende Kleidung neu; sie brachten Verzierungen an, um sich gegen die Standardisierung einer Uniform zu wehren, die Sklaven als die unterste Kategorie von Personal kennzeichnen sollte. Ebenso wichtig war die Pflege, die enorme Menge an Arbeit, die in das Waschen, Flicken und Reparieren von Kleidung floss, die schon bessere Tage gesehen hatte oder die den Anforderungen des Zwangsregimes der Landarbeit kaum standhalten konnte. Schlampige Arbeit in einer Fabrik in Neuengland verschlimmerte die Last der versklavten Menschen, die gezwungen waren, in Kleidung zu schuften, die leicht zerriss oder die Bewegungsfreiheit, die zum effizienten Pflücken von Baumwolle notwendig war, einschränkte. Nähkenntnisse waren unter versklavten Männern und Frauen gleichermaßen verbreitet, was zweifellos auf die Notwendigkeit zurückzuführen war, die ihnen zugeteilten Verbrauchsgüter wie Kleidung erst einmal brauchbar zu machen. Die Innovationen, die die Hersteller aus der Ferne anpriesen – Stoffe, die in ihrer Reißfestigkeit Leder gleichkamen, oder

---

23 Shell (2020).

Unterwäsche aus Segeltuch – hallten im Leben der Versklavten auf eine Weise wider, die unbequem, schmerzhaft oder aufgrund ihrer Entzündbarkeit sogar gefährlich sein konnte.

Die Tatsache, dass so viel Sklaventuch aus Wolle hergestellt wurde, ruft auch immer eine starke Reaktion des zeitgenössischen Publikums hervor. Denken wir an die Hitze und Feuchtigkeit des Sommers in Louisiana, kommen uns Wollhemden leicht wie eine weitere Form der Gewalt der Sklaverei vor. Sicherlich wählten Sklavenhalter oft Wolle als Stoff in Übereinstimmung mit medizinischen Vorstellungen von rassischen Unterschieden und der vermeintlichen Anfälligkeit Schwarzer Körper für Kälte, Feuchtigkeit und letztendlich Krankheiten.

Die Arbeit in heißer und juckender Kleidung war ein unbestreitbarer Aspekt der Sklavenarbeit, aber Wollstoffe hatten auch - im Vergleich zu anderen verfügbaren Textilien - Qualitäten, die die versklavten Menschen bei ihrer Arbeit auf den Feldern durchaus geschätzt haben könnten. Wollstoffe können (im modernen Sprachgebrauch) die Feuchtigkeit besser vom menschlichen Körper ableiten als Baumwollstoffe und gleichzeitig Regen und Tau eher abweisen als absorbieren. Auch zum Schutz der Haut gegen Verletzungen durch Pflanzen waren Wollstoffe möglicherweise Stoffen vorzuziehen, die leichter reißen konnten (dünne Baumwollhemden) oder weniger flexibel und atmungsaktiv waren (dickere Baumwollstoffe mit der Konsistenz von Segeltuch oder Canvas). Durch die größere Elastizität und die Fähigkeit, sich dem Körper durch Tragen anzupassen, boten Wollstoffe Menschen möglicherweise einen größeren Bewegungsspielraum, denen Kleidung immer in genormten Größen und mit ungenauer Passform ausgeteilt wurde. Wärmespeicherung war angesichts der Tatsache, dass die Arbeit auf den Plantagen routinemäßig unter kalten Bedingungen stattfand, auch wichtig, selbst an Orten wie Louisiana und Florida.

Geschichten auf Grundlage der Materialität von Wollhemden machen nicht wett, dass uns Geschichten fehlen, weil versklavte Menschen gezwungenermaßen Analphabeten waren und Museumssammlungen und Archive sich nach der Befreiung der Sklaven auf den Standpunkt stellten, dass nichts, was versklavte Menschen gesagt oder getan hatten, es wert war, bewahrt oder erinnert zu werden. Allein mit Fantasie ist diesem Schweigen nicht gänzlich beizukommen. Aber vielleicht können diejenigen in der Forschung, die sich dafür offen zeigen, in Begriffen der Zusammenstellungen und Affordanzen einer *mehr-als-menschlichen* Geschichte zu denken, plausibel behaupten, dass wir noch nicht das Ende der Geschichtswissenschaft als nützliches disziplinäres Vehikel für das Verständnis der Sklaverei, der gelebten Erfahrung der Versklavung und der Politiken und Möglichkeiten derer, die unter Zwang und Gewalt arbeiten mussten, erreicht haben. Eine *dinglichere* Geschichte der Sklaverei legt nahe, dass uns weder die Quellen noch die Geschichten ausgegangen sind, und das ist vielleicht der am meisten zwingende Grund, der Einladung des neuen Materialismus nachzukommen, noch weiträumiger über Menschen und Gegenstände nachzudenken, die immer in Bewegung, immer im Prozess und immer in verwobenen Beziehungen zueinanderstehen.

Eine abschließende Warnung

Unterschwellig schwingt bei diesem Vortrag immer die Sorge um das Verhältnis der Theorie des neuen Materialismus zur Geschichte der Sklaverei und deren aktueller Politik mit. Wer mit der US-amerikanischen Sklaverei vertraut ist, wird sich leicht an die grundlegende Behauptung des Regimes, für das bestimmte Personen Dinge waren, erinnert fühlen. Harriet Beecher Stowe hatte „Onkel Toms Hütte" ursprünglich den Untertitel „Der Mann, der ein Ding war" gegeben, und die Klassifizierung von Personen als Dinge bildete den Kern des rechtlichen Rahmens der Sklaverei, die Menschen zu einer Ware machte. Wollen wir ein System untersuchen, das Personen und Dinge verwechselte, sollten wir daher vorsichtig sein, wenn wir im Zeichen des neuen Materialismus eine Symmetrie von Personen und Dingen anstreben. Das Bestreben, Agency als Kategorie zu erweitern und diese auch „Dingen" zuzugestehen, stellt politische und ethische Herausforderungen für ein Feld dar, in dem historische Schwarze Akteure erst kürzlich einen Platz im Zentrum der Erzählung gefunden haben und in dem Agency ein entscheidendes (wenn auch immer problematisches) Schlagwort bleibt. Darüber hinaus hat die Fokussierung der Erfahrungen Schwarzer auf das Materielle statt auf das Intellektuelle ihre eigenen Fallstricke und birgt das Risiko, die Logik *weißen* Rassismus zu reproduzieren, der Schwarze stets als körperlich, tierisch und als Fleisch verstanden hat. Es scheint unabdingbar, diese Risiken beim Namen zu nennen und die Konsequenzen zu erkennen, die es hat, wenn wir in der Ära von #blacklivesmatter eine wissenschaftliche Agenda auf der Grundlage von #allthingsmatter verfolgen.

Genau dieser Punkt lässt mich zögern, mich auf die symmetrische Äquivalenz von Menschen und Dingen einzulassen. Wenn es über vierzig Jahre gedauert hat, bis Agency als *über*determinierte Kategorie an ihre Grenzen gekommen ist, folgt daraus nicht automatisch, dass die Aufteilung und Neuverteilung von Agency zwischen Sklave und Schuh ein heilsamer oder politisch unproblematischer Schritt wäre. Agency mag überdeterminiert sein mit ihrer Postulierung eines liberalen, Rechte tragenden Subjekts, aber es könnte ungeahnte Folgen haben, wenn wir versklavte Männer und Frauen aus unserem Fokus verdrängen und sie bitten, das Rampenlicht mit der Sprödigkeit von Holzpflöcken aus Massachusetts, der Elastizität argentinischen Leders und den mangelhaften Nähten eines in Neuengland hergestellten Brogans zu teilen. Sollte der Brogan wirklich neben dem versklavten, in den Plantagen arbeitenden Menschen, der ihn trägt, als widerständiger Akteur verstanden werden?

Wie dieser Vortrag deutlich gemacht hat, halte ich den Vorstoß in diese Richtung im Namen der Sozialgeschichte für produktiv, dies darf aber niemals auf Kosten der Kernverpflichtung der Sozialgeschichte zu menschlichen Geschichten von Arbeit, Politik und den Strukturen der Macht gehen. Es muss nicht kontrovers sein zu behaupten, dass die politischen Möglichkeiten und die gelebte Erfahrung der versklavten Menschen etwas mit den Affordanzen ihres Schuhwerks zu tun haben, und ich denke, dass dies mit den Kategorien des neuen Materialismus erreicht werden kann, ohne die Schwarze Menschheit erneut zu marginalisieren. Die Interaktionen von menschlicher und nicht-menschlicher Sphäre erlauben, die archaische Dyade von „Sklave und Herr" zu umgehen und stattdessen dynamischere Geschichten zu erzählen, die Menschen in eine Matrix von Beziehungen einbetten, die das Menschliche sowohl bekräftigen als auch übersteigen. Als Sozialhistoriker bleibe ich auf störrische Weise mit dem Archiv verbunden, fühle mich jedoch ermutigt, an Orten jenseits dieser Institution nachzuschauen, in der die Dokumente aufbewahrt werden, auf denen der Großteil der Geschichtswissenschaft ruht und wo Schwarze Stimmen notorisch zum Schweigen gebracht wurden. Letztendlich kann die Aufforderung des neuen Materialismus, mit Dingen zu denken, den beständigen Materialismus, der seit Langem die besten Arbeiten sowohl in der Arbeitsgeschichte als auch in der Sklavereiforschung geprägt hat, stärken und beide Bereiche im Tandem voranbringen, um eine reichere Darstellung der Vergangenheit und wichtige Lehren für die Zukunft zu erhalten.

Literaturverzeichnis

Allain, Jacqueline Mercier. „"They are Quiet Women Now": Hair Cropping, British Imperial Governance, and the Gendered Body in the Archive'. *Slavery & Abolition* 41,4 (2020): 772–794.
Allewaert, Monique. *Ariel's Ecology: Plantations, Personhood, and Colonialism in the American Tropics*. Minneapolis: University of Minnesota Press 2013.
Andrews, Thomas G. *Killing for Coal: America's Deadliest Labor War*. Cambridge, Mass.: Harvard University Press 2008.
Beckert, Sven und Seth Rockman, Hrsg. *Slavery's Capitalism: A New History of American Economic Development*. Philadelphia: University of Pennsylvania Press 2016.
Bennett, Jane. *Vibrant Matter: A Political Ecology of Things*. Durham, N.C.: Duke University Press 2009.
Bernstein, Robin. ‚Dances with Things: Material Culture and the Performance of Race'. *Social Text* 274 (2009): 67–94.

Bogues, Anthony, Hg. *After Man, Towards the Human: Critical Essays on Sylvia Wynter.* Kingston, Jamaica: Ian Randle 2006.
Davis, Jenny L. *How Artifacts Afford: The Power and Politics of Everyday Things.* Cambridge, Mass.: MIT Press 2020.
Dawson, Kevin. *Undercurrents of Power: Aquatic Culture in the African Diaspora.* Philadelphia: University of Pennsylvania Press 2018.
Du Bois, W.E.B. *Black Reconstruction.* New York: Harcourt, Brace & Co 1935.
Duncan, Stephen. Letters to Rowland Gibson Hazard and Isaac Peace Hazard. Isaac Peace Hazard Papers, ms. 483 sg 12; and Rowland G. and Caroline (Newbold) Hazard Papers, ms. 483 sg 5. Rhode Island Historical Society, Providence, R.I., USA, 1837.
Finley, Alexandra J. *An Intimate Economy: Enslaved Women, Work, and America's Domestic Slave Trade.* Chapel Hill: University of North Carolina Press 2020.
Fuentes, Marisa J. *Dispossessed Lives: Enslaved Women, Violence, and the Archive.* Philadelphia: University of Pennsylvania Press 2016.
Glymph, Thavolia. *Out of the House of Bondage: The Transformation of the Plantation Household.* New York: Cambridge University Press 2008.
Hahn, Steven. *A Nation Under our Feet: Black Political Struggle in the Rural South, from Slavery to the Great Migration.* Cambridge, Mass.: Belknap Press of Harvard University Press 2003.
Hartman, Saidiya. ‚Venus in Two Acts'. *Small Axe* 12,2 (2008): 1–14.
Hartman, Saidiya. 2019. *Wayward Lives, Beautiful Experiments: Intimate Histories of Riotous Black Girls, Troublesome Women, and Queer Radicals.* New York: W.W. Norton.
Hazard, Sonia. ‚Thing'. *Early American Studies* 16,4 (2018): 792–800.
Hodder, Ian. *Entangled: An Archaeology of the Relationships between Humans and Things.* Malden, Mass.: Wiley-Blackwell 2012.
Johnson, Jessica Marie. *Wicked Flesh: Black Women, Intimacy, and Freedom in the Atlantic World.* Philadelphia: University of Pennsylvania Press 2020.
Johnson, Walter. *River of Dark Dreams: Slavery and Empire in the Cotton Kingdom.* Cambridge, Mass.: Harvard University Press 2013.
Johnson, Walter. ‚On Agency'. *Journal of Social History* 37,1 (2003): 113–124.
Kimmerer, Robin Wall. *Braiding Sweetgrass: Indigenous Wisdom, Scientific Knowledge, and the Teachings of Plants.* Minneapolis, Minn.: Milkweed Editions 2013.
King, Tiffany Lethabo. *The Black Shoals: Offshore Formations of Black and Native Studies.* Durham, N.C.: Duke University Press 2019.
Lambert, David. ‚Runaways and Strays: Rethinking (non)human Agency in Caribbean Slave Societies'. In *Historical Animal Geographies*, hrsg. v. Sharon Wilcox and Stephanie Rutherford. New York: Routledge 2018: 185–198.
Latour, Bruno. ‚The Berlin Key or How to Do Words with Things'. In *Matter, Materiality, and Modern Culture*, hrsg. v. P.M. Graves-Brown. London: Routledge 2000: 10–21.
Lipartito, Kenneth. ‚Reassembling the Economic: New Departures in Historical Materialism'. *American Historical Review* 121,1 (2016): 101–139.
McKittrick, Katherine, Hg. *Sylvia Wynter: On Being Human as Praxis.* Durham, N.C.: Duke University Press 2015.
Montgomery, David. *The Fall of the House of Labor: The Workplace, the State, and American Labor Activism, 1865–1925.* New York: Cambridge University Press 1987.
O'Donovan, Susan E. *Becoming Free in the Cotton South.* Cambridge, Mass.: Harvard University Press 2007.

O'Gorman, Emily and Andrea Gaynor. ‚More-Than-Human Histories'. *Environmental History* 25,4 (2020): 711–735.
Perry, Tony C. ‚In Bondage when Cold was King: The Frigid Terrain of Slavery in Antebellum Maryland'. *Slavery & Abolition* 38,1 (2017): 23–36.
Pier, J.B. ‚$100 Reward. Stop the Outlaw'. *Texas Ranger*, February 7, 1857.
Robinson, Cedric J. *Black Marxism: The Making of the Black Radical Tradition*. Chapel Hill: University of North Carolina Press 2000.
Rockman, Seth. *Scraping By: Wage Labor, Slavery, and Survival in Early Baltimore*. Baltimore, Md.: Johns Hopkins University Press 2009.
Rosenthal, Gregory. ‚Life and Labor in a Seabird Colony: Hawaiian Guano Workers, 1857–70'. *Environmental History* 17,4 (2012): 744–782.
Schneider, Rebecca. ‚New Materialisms and Performance Studies'. *TDR: The Drama Review* 59,4 (2015): 7–17.
Schneider, Rebecca. ‚This Shoal Which is not One: Island Studies, Performance Studies, and Africans Who Fly.' *Island Studies Journal* 15,2 (2020): 201–218.
Sharpe, Christina. *In the Wake: On Blackness and Being*. Durham, N.C.: Duke University Press 2016.
Shell, Hanna Rose. *Shoddy: From Devil's Dust to the Renaissance of Rags*. Chicago, Ill.: University of Chicago Press 2020.
Weheliye, Alexander G. *Habeus Viscus: Racializing Assemblages, Bio-politics, and Black Feminist Theories of the Human*. Durham, N.C.: Duke University Press 2014.
Williams, Eric. *Capitalism and Slavery*. Chapel Hill: University of North Carolina Press 1944.
Witmore, Christopher. ‚Archaeology and the New Materialisms'. *Journal of Contemporary Archaeology* 1,2 (2014): 203–246.

Seth Rockman 2 | © Maurice Weiss

„Leisten wir bessere Arbeit, wenn wir zu einem gewissen Grad mit der Tätigkeit vertraut sind, über die wir eigentlich sprechen? ... Ich glaube nicht, dass es unsere Arbeit schlechter macht"

Ein Interview mit Seth Rockman

Gesprächsführung: Felicitas Hentschke und Nitin Varma[1]

Ein Interview über das Weben, Stoffe, Kleidung und einen materialistischen Ansatz in der Sozialgeschichte der Arbeit im Kontext von Sklaverei, Plantagenwirtschaft und Kapitalismus in den USA des 19. Jahrhunderts.

Seth, als wir uns beim Symposium *Re:working Labour* an der School of the Art Institute (SAIC) in Chicago[2] **trafen, hielten unsere Freunde Daniel Eisenberg und Ellen Rothenberg die Eröffnungsrede und gaben uns in ihrer Einführung wichtige Fragen mit auf den Weg, die den Rahmen für unsere anschließende Diskussion boten. Eine dieser Fragen war, wie wir diesen immensen Teil der Arbeit, der die heutigen gesellschaftlichen Verhältnisse und den modernen Kapitalismus aufrechterhält, sichtbar machen können. Eine andere Frage war, welche Sozialverträge daraus hervorgehen, wie Arbeit in einer bestimmten Gesellschaft strukturiert ist.**

Diese beiden Fragen stehen seit den 1990er Jahren im Fokus meiner Forschungen, als ich meine Dissertation über die Überlebensstrategien von den Menschen abschloss, die Arbeitsgeschichte seit jeher als „ungelernte Arbeiter" („Unskilled Labourers") bezeichnet. Ich selbst sehe sie als enorm befähigt an, und zwar darin, das Feld der informellen Arbeit zu navigieren – und das auf einem gnadenlosen Arbeitsmarkt. Diese Fragen lenken unsere Aufmerksamkeit auf produktive und reproduktive Arbeit als nebeneinander existierende Tätigkeiten, deren Grenzen im Kapitalismus stets neu ausgehandelt und wieder angefochten werden. Genau

---

[1] Felicitas Hentschke und Nitin Varma arbeiten beide bei re:work/ Humboldt-Universität zu Berlin.

[2] Das *Re:working Labour* Symposium fand vom 12.-13. Oktober 2018 an der School of the Art Institute in Chicago unter der Leitung von Daniel Eisenberg und Ellen Rothenberg und in Kooperation mit dem Käte Hamburger Kolleg „Arbeit und Lebenslauf in globalgeschichtlicher Perspektive" (re:work) statt.

an dieser sich verschiebenden Grenzlinie wird die unsichtbare Arbeit des modernen Kapitalismus sichtbar. Hier können wir auch die impliziten Sozialverträge erkennen, die den Rahmen dafür vorgeben, wie sich Menschen mit unterschiedlichen Lebenschancen, Möglichkeiten und Vulnerabilitäten in der Welt bewegen. Diese Fragen haben eine erhebliche intellektuelle Bedeutung, aber auch ein politisches Potenzial, um das Sozialgefüge des heutigen Kapitalismus aufzulösen oder neu zu gestalten.

Entspringt die Lust am Weben bei Ihnen als Sozialhistoriker einem politischen Interesse?
Vor etwa einem Jahrzehnt begann ich eine neue Studie über Objekte, die im Neuengland des frühen 19. Jahrhunderts für den Gebrauch auf den Sklavenplantagen des Südens hergestellt wurden: Hüte, Hacken, Schaufeln, Stiefel und Textilien, die Produzenten und Konsumenten über große Entfernungen hinweg miteinander verbanden. Ursprünglich lag mein Interesse ganz allgemein auf den breiter gefassten Verflechtungen von Sklaverei und Kapitalismus sowie auf den wirtschaftlichen Verbindungen zwischen dem sich industrialisierenden Norden und den sich gleichzeitig ausweitenden Plantagen in Süden der USA. Der Untersuchungsschwerpunkt in der US-amerikanischen Forschung lag auf der Beziehung zwischen diesen beiden parallel bestehenden Wirtschaftssystemen, um aus deren Verständnis heraus den 1861 beginnenden Bürgerkrieg besser erklären zu können. Was passiert jedoch, wenn wir uns auf ein einziges integriertes Wirtschaftssystem konzentrieren und Lohn- sowie Sklavenarbeit in einem gemeinsamen Bezugsrahmen untersuchen? Anstatt dies nur abstrakt im Bereich der politischen Ökonomie zu beantworten, wollte ich diese interregionalen wirtschaftlichen Verbindungen konkreter und diese verflochtenen Beziehungen durch materielle Werkzeuge greifbarer machen. Ich begann darüber nachzudenken, wie viele verschiedene Geschichten eine Person erzählen könnte, wenn sie eine Axt auf ihrem Weg von der Fabrik in Connecticut, wo sie geschmiedet wurde, bis in die Hände eines Sklaven Tausend Meilen entfernt verfolgt, der sie dazu benutzt, das Grenzland für die Entstehung neuer Baumwollplantagen zu roden.

Als ich dann begann, „Gegenstände zu verfolgen", stellte sich heraus, dass Textilien die ökonomischen und politischen Beziehungen, die im Zentrum meiner Forschung stehen, unglaublich eindrucksvoll veranschaulichten, insbesondere die Kreisläufe, die Lohn- und Sklavenarbeit verbinden. Als Beispiel mag eine Hose dienen, die in einem kleinen Dorf im Süden von Rhode Island gefertigt wurde und dann durch viele verschiedene Hände wanderte, bis ein versklavter Feldarbeiter in Louisiana sie am Körper trug. Mit ihrer Hilfe lassen sich viele verschiedene Geschichten der Arbeit auf einmal nachzeichnen. Ich erkannte, dass die materiellen Dinge mehr als nur Requisiten oder erzählerische Mittel in diesen

Geschichten waren. Vielmehr prägten sie die Erfahrung der Arbeit selbst: Wolle und Baumwollfasern haben bestimmte physische Qualitäten und Eigenschaften, die beeinflussen, wie eine Bauerntochter in einer Mühle in Rhode Island webt oder näht. Sie haben auch bestimmte Eigenschaften und Qualitäten, die die Erfahrung der versklavten Person beeinflussen, die sie morgens auf einem taufrischen Feld trägt. Will man die Geschichte der wirtschaftlichen Beziehungen über große Entfernungen hinweg darstellen, muss man die Stofflichkeit der Waren selbst nicht notwendigerweise berücksichtigen. Nach meiner „materiellen Wende" („Material Turn") gab es jedoch kein Zurück mehr. Dann war es nur noch ein kurzer Schritt dazu, erlernen zu wollen, wie man Gegenstände selbst herstellen kann, im Sinne der erfahrungsbasierten Forschungspraxis im Bereich der Arbeitsgeschichte. Indem ich mit der Zeit ein Gefühl für diese Arbeit entwickelte, hoffte ich, mehr über die Arbeitsprozesse zu erfahren, die sich in dieser Zeit in Neuengland durchzusetzen begannen. Gleichzeitig wollte ich spüren, wie sich eine bestimmte Art von Stoff anfühlt und welche Auswirkungen dessen physische oder materielle Eigenschaften auf die Person haben konnte, die diesen Stoff auf der Haut trug.

Denken Sie, es ist nötig „Arbeit zu erleben", bevor man darüber schreiben kann? Ermöglicht Ihnen die Erfahrung des Webens einen gewissen Zugang zu Ihren Forschungsschwerpunkten und Interessen, das heißt, zu den allgemeinen Fragen zur Sklaverei und dem Leben und Arbeiten auf Plantagen? Kommt hier zusätzlich zum *interpretativen* Element (das Lesen von Texten, visuellen und sogar materiellen Dingen) ein *performatives* Element (die Kunst des Schaffens) hinzu?
Im Rahmen meiner Forschung fand ich in den Geschäftsbüchern von verarbeitenden Betrieben in Neuengland viele technische Details über die Herstellung von Stoffen, die unter der Handelsbezeichnung „N* cloth" [zu dt. etwa: Kleidung für *Schwarze*] verkauft werden sollten – ein Oberbegriff für Textilien und Kleidung für versklavte Menschen. Musterbücher und Verträge enthielten rezeptartige Anweisungen dazu, wie viel Woll- und Baumwollgarn einer bestimmten Stärke für die Kette und wie viel für den Schuss benötigt wird, wie der Webstuhl mit diesem Garn eingerichtet werden kann und welches Gewicht und welche Maße das Endprodukt haben sollte. Ich verstand keine dieser technischen Angaben, geschweige denn, wie die Anzahl der Kettfäden oder die Größe des Webblatts einen Unterschied im Leben der Menschen machen sollte, die einen bestimmten Stoff herstellen oder tragen würden.

Um dieses Wissen und diese Erfahrung zu erlangen, meldete ich mich bei einem Kurs an der Marshfield School of Weaving in Vermont an, die auf historische Web- und Färbetraditionen spezialisiert ist. Viele der Lehrenden konnten sehr ausgefallene Stoffe für Museumsausstellungen reproduzieren. Oft haben sie auf Grundlage gut erhaltener Reste eines Kleidungsstücks oder einer Möbelpolsterung alte Muster mittels „Reverse-Engineering"-Techniken rekonstruiert. Als ich ihnen die Aufzeichnungen vorlegte, waren sie von deren Detailgenauigkeit überrascht. Obgleich sie den Anweisungen problemlos folgen konnten, die ein Vertrag zwischen einer Firma aus Rhode Island und einem lokalen Haushalt enthielt, der in den 1820er Jahren externe Webaufträge übernahm, stießen meine Dozenten in Marshfield jedoch auf Schwierigkeiten: Bislang war es ihnen darum gegangen, Textilien zu produzieren, die schön und perfekt sein sollten. Ich hingegen war bestrebt, eher minderwertige Textilien zu reproduzieren. Kein Sklavenhalter war an Stoffen interessiert, die länger als sechs Monate hielten, denn die waren teuer und hätten ihre Möglichkeiten geschmälert, ihre selbsternannte Großzügigkeit bei der Bereitstellung von Kleidung zur Schau zu stellen. Außerdem hatte kein Hersteller in Neuengland ein Interesse daran, Stoffe herzustellen, die länger als sechs Monate hielten, schließlich wollten sie ihre Waren ja zweimal im Jahr verkaufen. Demzufolge konnten die „groben Wollwaren", die ich herzustellen hoffte, von nicht allzu guter Qualität sein. Vielleicht war mein damaliger Mangel an Erfahrung und Geschick als Weber doch von Vorteil.

Eine Sache, die mir bei der Arbeit am Webstuhl auffiel, war der Kompromiss zwischen Qualität und Quantität. Personen, die pro Meter bezahlt wurden, hatten einen Anreiz, so schnell wie möglich zu weben, und ich dachte viel über ihre Motivation nach, Fehler zu beheben, defekte Kettfäden zu reparieren oder den Schussfaden durch kräftiges Schwingen der Lade nach jedem Durchgang des Webschiffchens fest an das bestehende Gewebe zu drücken. Schließlich gab es kein besonders zuverlässiges Kontrollsystem, und das fertige Produkt reiste mitunter Tausende von Kilometern, bis jemand ein Stück von dem Stoff ausrollte, um am vierten Meter ein paar Fehler zu entdecken. Es war für mich wirklich wichtig zu erkennen, dass die materielle Realität der versklavten Menschen durch die scheinbar unbedeutenden Entscheidungen geformt werden konnte, die eine müde Weberin auf der anderen Seite des Landes getroffen hatte. Wenn ich nicht selbst am Webstuhl gesessen hätte, wäre ich wohl nicht in der Lage gewesen, mir diese Art von engen Verbindungen vorzustellen, die zwischen den Entscheidungen an einem Arbeitsplatz und den Konsequenzen dieser Entscheidungen für eine Person, die an einem anderen Ort arbeitete, bestehen.

Können Sie noch mehr darüber erzählen, was eigentlich passiert, wenn man an einem Webstuhl sitzt?
Wenn man an einem historischen Webstuhl aus dem frühen 19. Jahrhundert sitzt, muss man durch die unbewegliche Bank die Arme und Beine harmonisch bewegen. Die Arme sind ausgestreckt, während man das Schiffchen hin und

her wirft, aber zwischen jedem Wurf muss man die Lade zu sich zurückschwingen lassen, um damit den Schussfaden anzuschlagen, den das Schiffchen beim Durchwerfen hinterlassen hat. Während dies geschieht, tritt man mit den Füßen auf und ab, um die Schäfte, die die Kettfäden halten, zu heben und zu senken und Platz für das Schiffchen zu schaffen, damit es über und unter den Kettfäden durchlaufen kann. Der Körper entwickelt einen eigenen Rhythmus, wenn man die Bewegung von Armen und Beinen koordiniert, unterbrochen vom „Klopfen" der Lade, wenn diese auf den Stoff trifft. Währenddessen sind die Augen auf die Hunderte, wenn nicht Tausende von Kettfäden fixiert, die von der Rückseite des Webstuhls zur Vorderseite laufen, und man hofft inständig, dass keiner beim Hin- und Herlaufen des Schiffchens reißt. Als eine Art Belohnung darf man nach jedem halben Meter oder so aufstehen und eine Metallkurbel drehen, die das fertige Gewebe an der Vorderseite des Webstuhls auf den Warenbaum wickelt und Kettfäden vom hinten liegenden Kettbaum abwickelt und nach vorn zieht. Dann setzt man sich wieder hin und macht einfach weiter, fängt den ganzen Prozess von vorne an. Ich fand es großartig, dass ich ohne jegliche Erfahrung im Textilbereich zur Marshfield School of Weaving kam, denn sie mussten mir komplett alles neu erklären – Dinge, die jedes neunjährige Mädchen aus Neuengland im Jahr 1828 gewusst hätte. Ich verbrachte etwa die Hälfte meiner Zeit in der Schule damit, zu lernen, wie man eine Kette schärt und einen Webstuhl einrichtet. Man braucht flinke Finger, um mehr als tausend Kettfäden durch die einzelnen Litzen zu ziehen. Es dauerte mehrere Tage, bis ich tatsächlich weben konnte.

Welche Hinweise, Erfahrungen oder Erkenntnisse ergeben sich aus dieser Vorgehensweise?
Eine Überraschung beim Weben war für mich die damit verbundene Körperlichkeit und der Rhythmus der Gliedmaßen, fast wie beim Tanzen. Da ich sehr groß bin, musste ich meinen Körper in den Webstuhl einklemmen. Die Bank bewegt sich nicht nach oben oder unten und es ist unmöglich, seinen Körper ergonomisch zu positionieren. Darin eingezwängt, fühlte es sich so an, als würde man einen gigantischen Apparat an sich tragen. Und irgendwann verschwimmen die Grenzen von Körper und Maschine: Man spürt das Nachschwingen, wenn man die Lade schwingt und sie auf das Gewebe trifft, die Füße entwickeln einen Rhythmus auf den Pedalen, man schwitzt, wenn man den richtigen Schwung gefunden hat. Wenn einem ein Lied durch den Kopf geht, kann es sein, dass man die Arbeit als angenehm empfindet. Aber wenn der Rücken schmerzt oder man müde ist, erlebt man die Arbeit als Qual, vor allem, wenn klar ist, dass man den Körper anschließend noch aus diesem hölzernen Apparat befreien muss.

Welche Wünsche und Erwartungen haben Sie mit dem Akt des Webens selbst verbunden? War es der Wunsch nach fachlichen Erkenntnissen, Körpergefühl oder ging es Ihnen um spezifischere Dinge, wie zum Beispiel: Wenn ich weiß, wie sich das anfühlt, dann ergeben sich daraus bereits gewisse Antworten ...?

Bei meinen Archivrecherchen fiel mir immer wieder auf, dass die meisten Kleidungsstücke für versklavte Menschen aus Wolle gefertigt wurden. Ich wunderte mich, dass in der Landwirtschaft eingesetzte Sklaven in Louisiana oder Jamaika Wollhosen tragen sollten. Das muss die Gewalt der Sklaverei praktisch noch verstärkt haben, ja es muss eine richtige Folter gewesen sein. Aber die Tatsache, dass die Menschen Wollhosen trugen, wird verständlicher, wenn man die Materialeigenschaften von Textilien betrachtet, was natürlich nie Teil meiner Ausbildung zum Historiker war. Wolle ist viel elastischer als Baumwolle und kann verfilzen, das heißt, sie wird durch die Mischung aus Schweiß, Regen und Sonne weicher. Wolle kann außerdem wasserabweisend wirken und saugt sich demzufolge nicht mit Wasser voll. Im Gegensatz zu Baumwollkleidung kann sie die Haut vor den scharfen Kanten von Baumwollpflanzen schützen. Es ist nicht immer alles so, wie es auf den ersten Blick scheint.

In der Geschichtswissenschaft hat es in den letzten 15 bis 20 Jahren zweifellos einen „Material Turn" gegeben. Sie untersucht heute weniger, was die Dinge bedeuten, sondern eher, wie sie funktionieren. Ein Bewusstsein darüber, wie die Dinge funktionieren, hat unsere Forschung definitiv bereichert. Diejenigen unter uns, die sich mit der Seefahrt beschäftigen, haben sicherlich mehr Erfolg, wenn sie einige Zeit auf einem Schiff verbracht haben. Praktische Erfahrungen werden allerdings selten zu den analytischen Fähigkeiten in der Wissenschaft gezählt. Sie können das Durchforsten von Dokumenten in Archiven auch nicht ersetzen, aber doch immerhin ergänzen. Aus Quellen lässt sich zum Beispiel entnehmen, dass ein Mädchen in Rhode Island 3,5 Meter Tuch pro Tag herstellte. Aber wie können wir heute wissen, ob das viel oder wenig ist? Wie können wir heute ein Verständnis von der körperlichen Anstrengung dieser Arbeit entwickeln, ohne sie selbst ausprobiert zu haben? Wie können wir heute das implizite Wissen und Fachwissen beurteilen, das solche vermeintlichen alltäglichen Arbeiten erfordern, ohne zu versuchen, sie selbst zu erlernen?

Natürlich sind dieser Art von praktisch orientierter Forschung erhebliche Grenzen gesetzt, besonders wenn man den Zwang und die gewaltsame Ausbeutung bedenkt, die einen Großteil der von mir untersuchten Formen von Arbeit definieren. Natürlich bin ich eher geneigt, Prognosen über die Produktionsbedingungen in Rhode Island anzustellen, als die Erfahrung körperlich nachzuvollziehen, die ein versklavter Arbeiter auf einer Plantage in Louisiana beim Tragen dieser Kleidung machte. Das ist etwas, das nicht reproduziert werden kann oder sollte.

Ein Gefühl für die körperliche Dimension von Produktionsarbeit hilft nicht nur dabei, Prozesse detailgenauer beschreiben zu können, sondern dient auch als analytisches Werkzeug. Kommen wir noch einmal auf die Frage nach der Qualität zurück: Du sitzt an einem Webstuhl und schaust auf tausend Fäden, die auf dich zukommen. Ab und zu reißt einer davon. Wenn es dir darum geht, ein wirklich gutes Gewebe herzustellen, und du siehst, dass ein Kettfaden gerissen ist, würdest du anhalten, von der Bank aufstehen, zur Rückseite des Webstuhls gehen, den gerissenen Faden und die dazugehörige leere Litze finden und ihn neu einfädeln, einen Knoten machen, um die losen Fadenenden wieder miteinander zu verknüpfen, und anschließend mit dem Weben fortfahren. Das ist zeitaufwendig und arbeitsintensiv. Aber wenn du minderwertige Ware in der Annahme herstellst, dass sich niemand wirklich um Unregelmäßigkeiten und Fehler kümmert, stehst du selbst dann vielleicht auch erst beim dritten gerissenen Kettfaden auf. Oder beim vierten? Beim fünften? Vielleicht reparierst du ihn erst in der nächsten Pause, vielleicht aber auch nicht, weil du müde bist oder das einzige Ziel darin besteht, das tägliche Soll an Metern zu erfüllen. Am Webstuhl zu sitzen half mir, diesen Entscheidungsprozess nachzuvollziehen und mir dann alle Auswirkungen dieser Entscheidungen vorzustellen, wenn der Stoff fertig ist und verkauft und vertrieben wird. Ich sah die Händler vor mir, die mit Bezug auf Qualität und Eigenschaften des Stoffs feilschten, und ich sah wie Sklaven bei der rituellen Verteilung von Kleidung gegenüber ihren Haltern um die besseren Kleidungsstücke buhlten. Ich stellte mir auch vor, wie die versklavten Menschen miteinander tauschten oder handelten, denn Textilien dienten auf den Plantagen als eine Art Währung. Die spontanen Entscheidungen einer Weberin an einem Ort prägten die sozialen Beziehungen an zahlreichen anderen Orten. Obgleich dies eine intuitive Einsicht eines Wissenschaftlers sein mag, wurde sie für mich erst „real", als ich selbst mit den materiellen Eigenschaften des Stoffes in Berührung kam und in die Prozesse seiner Herstellung eingebunden war.

Natürlich sind Sie ein vergleichsweise gut bezahlter Universitätsprofessor und weder ein Sklave im Süden noch eine verarmte 20-Jährige im Norden. Wie geht man mit solch einem Hintergrund um? Wir können uns vorstellen, dass einige Kritiker und Kritikerinnen Ihre Ansätze hinterfragen. Sind sie hilfreich für die Analyse? Was würden Sie ihnen antworten?
Erfahrungsbasierte Forschung ist kein Ersatz für Archivforschung, sondern eine Einladung, bessere Archivarbeit zu machen, indem man Aspekte in den eigenen Quellen erkennt, die man sonst übersehen hätte. Nirgendwo in meinem Buch steht etwas darüber, wie ich webe. Solche Ich-Erzählungen oder auto-ethnographischen Berichte, in denen die forschende Person selbst eine zentrale Figur in der Erzählung ist, sagen mir nicht wirklich zu. Ich denke nicht, dass wir teilneh-

mende Beobachtende sein müssen. Es ist auch nicht mein Ziel, die Vergangenheit überzubewerten. Stattdessen stelle ich die relativ bescheidene Behauptung auf, dass wir besser werden, wenn wir uns auf die Stofflichkeit der Vergangenheit einlassen. Sicherlich sollten wir in der Arbeitsgeschichte in der Lage sein, Arbeit als etwas zu begreifen, das durch die damit verbundenen praktischen Erfahrungen in den Körper eingeschrieben und von spezifischen Fähigkeiten und Arten von Fachwissen geprägt wird – Wissen, das womöglich nur implizit vorherrscht beziehungsweise nicht als „Fachwissen" erkannt wird. Dies führt zurück zum Ausgangspunkt unseres heutigen Gesprächs über die Dringlichkeit, die unsichtbaren Infrastrukturen des Kapitalismus aufzudecken.

Die in den Körper eingeschriebene Erfahrung von Arbeit aus einer anderen Zeit generiert also nicht unbedingt Wissen, sondern wirft eine Reihe von Fragen auf, die man sonst nicht stellen würde. Sprich, ohne Ihre Erfahrung am Webstuhl würden Sie andere Fragen stellen. Ist das richtig?
Ja, ich denke, das ist richtig. Denken wir nur an die explosionsartige Zunahme von Arbeiten zur Sozial- und Wirtschaftsgeschichte bestimmter Waren in den letzten Jahrzehnten, in denen die materiellen Eigenschaften der Ware selbst nur am Rande vorkommen. Leisten wir bessere Arbeit, wenn wir zu einem gewissen Grad mit der Tätigkeit vertraut sind, über die wir tatsächlich reden? Ich will damit nicht sagen, dass jemand, der über die Arbeitsgeschichte der Stahlindustrie schreibt, erst ein Stahlwerk finden und eine Woche vor Ort vor einem Ofen verbringen muss. Jemand, der über Chicanos schreibt, die in den 1950er Jahren auf kalifornischen Gemüsefeldern gearbeitet haben, muss nicht unbedingt selbst landwirtschaftliche Arbeit verrichten. Dennoch denke ich, dass solche Erfahrungen nicht umsonst sind. Wenn schon nichts anderes, dann entwickeln wir dank der erfahrungsbasierten Forschung wahrscheinlich zumindest mehr Empathie für die Menschen, über die wir schreiben, und sie verschafft uns einen größeren Respekt vor den komplexen Hintergründen und Unwägbarkeiten ihrer historischen Erfahrung.

Welche neuen Fragen haben sich für Sie nach Ihrer Erfahrung am Webstuhl ergeben?
Ist Ihnen auch schon einmal aufgefallen, wie Ihre Gedanken abschweifen, wenn Sie mit einer banalen Aufgabe wie Geschirrspülen oder Bügeln beschäftigt sind? Beim Weben habe ich unter anderem festgestellt, dass die Gedanken überall hinwandern können – besonders wenn man nicht wirklich auf jedes Detail achtet, weil es einem egal ist und man nicht für die Sorgfalt bezahlt wird. Und so fragte ich mich, wohin die Gedanken eines Teenagers aus Rhode Island gewandert sein könnten. Vielleicht auf die Person, die das Ergebnis ihrer Arbeit tragen würde?

Und wenn ja, hätte sie Anlass gehabt, eine Art Solidarität aus der Ferne zwischen zwei Fremden zu imaginieren, die mittels der Kreisläufe des Kapitalismus und der Sklaverei miteinander verbunden waren? Oder hätte diese Person den Sklaven vielleicht verachtet, weil sie diesen gefangenen Menschen dafür verantwortlich machte, dass sie den Nachmittag nicht mit ihren Freunden draußen verbringen konnte. Diese Fernbeziehungen zwischen Produzenten und Konsumenten sind Teil unseres heutigen Empfindens. Aber erst als meine eigenen Gedanken zu wandern begannen, kam ich auf die Idee, sie in einen historischen Kontext zu stellen.

Lassen Sie uns auf etwas zurückkommen, das Sie vorhin erwähnt haben: Ihre Ablehnung des Begriffs der „ungelernten Arbeitskraft" („Unskilled Labour"). Besteht da nicht die Gefahr, jede Tätigkeit als irgendwie „gelernt" zu betrachten? Die Kategorie der ungelernten Arbeitskräfte diente dazu, Hierarchien zwischen verschiedenen Arten von Arbeit zu etablieren, die politisch nützlich hätten sein können. Was passiert, wenn wir den Begriff „ungelernt" aufgeben? Besteht da nicht die Gefahr, dass wir auch einige der mit diesem Konzept einhergehenden politischen, sozialen oder kritischen Elemente aufgeben?
Eines meiner Vorhaben als Historiker ist es, den Begriff der „ungelernten Arbeit" infrage zu stellen. So etwas wie „ungelernte Arbeit" gibt es nicht. Im Rahmen der Erforschung der Arbeitsgeschichte hat diese Kategorie im 20. Jahrhundert eher dazu gedient, Verhältnisse zu verschleiern, als diesen Schleier zu lüften. Wer profitierte von der Kategorie der „ungelernten Arbeit"? Sie hatte vor allem für Handwerker im 19. Jahrhundert einen politischen Wert, die die Arbeit, die sie verrichteten, als etwas definieren wollten, das sich von der Art der Arbeit, die andere Leute verrichteten, unterschied – und es ihnen ermöglichte, den Schutz aus dem Bürgerschaftsstatus und das Recht auf ein Familieneinkommen für sich zu beanspruchen. Später diente diese Kategorie als Grundlage für die Sozialpolitik in den Vereinigten Staaten, zum Beispiel als Legitimation, um in den 1930er Jahren Schwarze aufgrund ihrer „ungelernten" Arbeit als Hausangestellte oder Arbeitskräfte in der Landwirtschaft von Sozialversicherungsprogrammen auszuschließen. Historisch gesehen handelt es sich um eine verhängnisvolle Kategorie, wenn man bedenkt, wie sie die Erfahrungen negiert, die mit der Reproduktionsarbeit von Frauen verbunden sind. Es ist eine politische Entscheidung, alle Formen von Arbeit als Tätigkeiten wertzuschätzen, die mit umfassenden Fähigkeiten und gesammelten Erfahrungen einhergehen. Eine solche Politik könnte der Forderung nach einem existenzsichernden Lohn für jegliche Form von Arbeit Legitimation verschaffen.

Als es am Anfang unseres Gesprächs um Ihre Erfahrung als Weber ging, haben wir uns auf den performativen Aspekt dieser Form von Arbeit konzentriert. Im Vordergrund stand der Webstuhl, und nicht das Endprodukt, also der gewebte Stoff. Was gewinnen wir, wenn wir den Stoff selbst als Forschungsgegenstand betrachten?
Sie spielen auf das große Potenzial an, das darin liegt, von Objekten aus zu denken, die als materieller Kristallisationspunkt diffuser und verstreuter Prozesse dienen können – über große Entfernungen und Zeiträume hinweg. In einem einzigen Objekt kommen verschiedene kulturelle Praktiken und soziale Beziehungen zusammen und verschmelzen dort. Ob man nun eine lange Lieferkette über den Globus hinweg verfolgt oder untersucht, wie bestimmte Produktionstechniken über die Jahrhunderte aufeinander aufbauten – ein Stück Stoff kann im Zentrum einer fast unendlichen Anzahl von Geschichten stehen.

Eines der ersten Dinge, die ich über die Textilien lernte, die in den 1820er bis 1840er Jahren in Neuengland für den Gebrauch auf den Sklavenplantagen des Südens hergestellt wurden, war, dass der Großteil der Wolle, die zu ihrer Herstellung verwendet wurde, entweder aus Buenos Aires oder aus der damaligen Hafenstadt Smyrna im Osmanischen Reich importiert worden war. Plötzlich spielt ein argentinischer Schafzüchter eine Rolle dabei, wie wir die Geschichte der versklavten Menschen in Mississippi erzählen. Auch die Flora und Fauna der argentinischen Landschaft oder des östlichen Mittelmeerraums ist nun Teil der Geschichte — natürlich nicht notwendigerweise auf eine Art, die dem Träger dieser Hosen bewusst gewesen wäre, die es uns jedoch ermöglicht, diese globalen Verflechtungen zu verstehen, das heißt die Verbindungen verschiedener ökologischer Systeme und politischer Ökonomien zu erkennen. Wir klagen so oft über die Globalisierung in der Gegenwart und übersehen dabei, dass das Leben der Menschen schon seit Jahrhunderten global vernetzt war und ist.

Es geht nicht nur um Verflechtungen über Entfernungen, sondern auch über Zeiträume hinweg. Denken Sie an das über Generationen hinweg angesammelte Wissen englischer Handweberei, das letztlich das Nachdenken darüber prägte, wie US-amerikanische Bauernfamilien des 19. Jahrhunderts über Webstühle und die Qualität von gewebten Stoffen dachten. Denken Sie an all die Kämpfe zwischen Versklavten und Sklavenhaltern, die dazu führten, dass bei der halbjährlichen Verteilung von Kleidungsstücken bestimmte Erwartungen aufkamen. All diese Aspekte kommen in einer Wollhose zusammen. Dank eines Objekts wird es möglich, Prozesse und Geschichten zu erkennen, die sehr verschieden sind und scheinbar nichts miteinander zu tun haben und selten gemeinsam in einem Buch auftauchen.

Welche unterschiedlichen Formen und Funktionsweisen von Webstühlen gab es damals? Waren Webstühle standardisiert?
Webstühle, wie sie für die Heimweberei nach dem „Putting Out"- System (oder Verlagssystem) im frühen 19. Jahrhundert verwendet wurden, waren nicht standardisiert, aber sie ähnelten einander. Zwischen dem kastenartigen Webstuhl mit vier senkrechten Außenbalken und dem Kontermarsch-Webstuhl gab es keine nennenswerten Unterschiede. Die Breite konnte jedoch einen Unterschied ausmachen, vor allem im Hinblick auf die körperliche Erfahrung beim Weben. Tuch war der teuerste und wertvollste Stoff aufgrund seiner Breite, die manchmal bis zu zwei Meter betrug. Um den Schussfaden jedoch über eine so große Distanz bewegen zu können, brauchte man einen Schnellschützen und musste seine Arme beim Weben ganz anders bewegen. Die auf Plantagen beliebten Stoffe waren in der Regel weniger als einen Meter breit, oft siebzig bis achtzig Zentimeter, was bestimmte, wer aufgrund der Länge seiner Arme das Weben übernehmen konnte. Es war nützlich, kurze Arme zu haben, um schmale Stoffe zu weben. Es überrascht daher nicht, dass insbesondere Mädchen im Teenageralter für diese Arbeit in Frage kamen. Interessanterweise hatte die Breite des Stoffs auch Auswirkungen auf die Arbeitsabläufe auf der Plantage. Versklavte Schneiderinnen und Näherinnen wussten sicherlich genau, wie man Vorder- und Rückenteil und Ärmel aus Stoff mit einer Breite von achtzig Zentimeter zuschneidet, doch schon bei Stoffen, die nur zehn Zentimeter breiter waren, wurden sie womöglich gezwungen, die Schnitte nach einer völlig anderen Geometrie zu überarbeiten. Die Arbeit der versklavten Frauen änderte sich also, als sich die Produktion in Neuengland änderte und breitere Stoffe hergestellt wurden. Diese Stoffe sollten angeblich „besser" sein. Aber sie konnten für eine versklavte Frau, die Kleider aus diesem in Neuengland hergestelltem Stoff fertigen musste, durchaus auch „schlechter" sein. Sklavenhalter schrieben dann ihren Lieferanten aus dem Norden wütende Briefe und erklärten, dass der Stoff, den diese ihnen geschickt haben, neunzig Zentimeter breit sei und die Sklaven sich darüber beschweren und unzufrieden seien.

Hat die Textilindustrie im Norden die Bedürfnisse der Sklavenhalter aus dem Süden berücksichtigt, zum Beispiel in Bezug auf Abmessungen, Qualität, Verhältnis von Baumwolle und Wolle etc.?
Weiße US-Amerikaner haben viel Zeit damit verbracht, über Schwarze US-Amerikaner zu reden. In der Forschung geht man unterdessen davon aus, dass die „Race"-Kategorie diskursiv erzeugt wurde, indem die Vorstellung einer Unterschiedlichkeit der Menschen durch eine beständige Wiederholung „real" gemacht wurde. Auch Kleidung für die Versklavten war Teil dieses Prozesses. *Weiße* Menschen, sowohl im Norden als auch im Süden der USA, ergingen sich in Theorien

darüber, dass Körper von Schwarzen Menschen besonders anfällig für Feuchtigkeit, Miasmen und bestimmte Arten von Krankheiten wären. Medizinische Fachzeitschriften und Zeitschriften zur Verbesserung landwirtschaftlicher Praktiken auf den Plantagen enthielten Ratschläge für Sklavenhalter, wie sich die Gesundheit ihres menschlichen Investments mit der richtigen Kleidung fördern ließe. Es gab zwar keinen Konsens darüber, welcher Stoff nun der beste war, aber allein das Aufkommen der Debatte zeigte, dass *weiße* US-Amerikaner im ganzen Land diskutierten, was Schwarze Menschen anders machte. Mit anderen Worten: Diese Textilien dienten nicht nur dazu Sklaven einzukleiden, sondern auch rassistische Ideologien zu formulieren, die die Sklaverei überhaupt erst rechtfertigten.

Auch im Bereich der politischen Ökonomie wurde das Thema lebhaft diskutiert. Nach der Unabhängigkeit der Vereinigten Staaten gewann das Modell der Importsubstitution an Beliebtheit. Es gab aufregende Visionen, dass mit der Landwirtschaft im Süden und der Industrie im Norden eine integrierte Volkswirtschaft entstehen könnte, in der die von versklavten Menschen angebaute Baumwolle in die Fabriken in Neuengland und dann in Form von fertigen Stoffen zurück in den Süden gelangen würde. Der Staat sollte bei der Umsetzung dieser Vision eine wesentliche Rolle übernehmen: Im Rahmen seiner militaristischen Außenpolitik sollten Millionen von Hektar Land von amerikanischen Ureinwohnern enteignet und schnell in Baumwollplantagen umgewandelt werden. Eine protektionistische Zollpolitik sollte es Produzenten ermöglichen, mit den billigeren und qualitativ besseren britischen Importen mitzuhalten. Beides erwies sich als höchst kontrovers, vor allem nachdem Politiker im Süden zu der Auffassung gelangten, dass die Zölle dazu führten, dass ihr Vermögen auf diese Weise an Produzenten im Norden umverteilt wurde, deren Bekenntnis zur Sklaverei nicht sehr zuverlässig erschien. Die Zolldebatten im Kongress zwischen 1827 und 1833 sind das beste Beispiel dafür, wie in aller Öffentlichkeit diskutiert wurde, welche konkurrierenden Vorzüge Baumwoll- und Wollkleidung für Sklaven hat. Während die Produzenten im Norden höhere Zölle auf importierte britische Wollwaren forderten, versuchte man im Süden beharrlich, die Wirkung des Protektionismus aufzuheben, indem auch Rohwolle aus Argentinien und dem Osmanischen Reich besteuert wurde, die Betriebe im Norden zu importieren hofften, um konkurrenzfähige Stoffe herzustellen. Ein Redner nach dem anderen pries in den legislativen Debatten britischen Stoff aus Baumwolle an, die versklavte Menschen angebaut hatten, oder verurteilte britischen Stoff aus walisischer Wolle (oder umgekehrt). Im Grunde ging es um die Frage, wer die Versklavten einkleiden würde (US-amerikanische oder britische Produzenten?) und welche Kleidung sie ihnen geben würden (Stoffe aus Baumwolle, Wolle oder einer Kombination aus beidem?).

Vielleicht noch eine letzte Frage, Seth. Was haben Sie mit Ihren Textilien gemacht?
In der Zeit, die ich mit dem Weben verbracht habe, habe ich etwa zwei Meter Stoff hergestellt. Das ist nicht besonders viel. Mit diesem Stoff sind zwei Dinge passiert. Einen Teil davon habe ich der Künstlerin Geri Augusto für ihre Installation „N* Cloth Nkisi" geliehen – westafrikanische spirituelle Figuren in einem Webschiffchen, die auf dem Stoff drapiert sind.

Den größten Teil des Stoffes verteilte ich jedoch an Kollegen und Kolleginnen im ganzen Land, die ihn in der Lehre als Anschauungsmaterial verwendeten. Im 19. Jahrhundert wurden viele Stoffmuster verschickt, kleine Quadrate von fünf mal fünf Zentimeter, mit denen potenzielle Käufer wie Ladenbesitzer oder Sklavenhalter in den Südstaaten die Qualität, das Muster und die Farbe eines Stoffes beurteilen konnten, bevor sie sich zum Kauf verpflichteten. Tatsächlich wurde der Großteil des heutigen Wissens über „N* cloth" aus solchen Mustern abgeleitet, die immer noch an Geschäftskorrespondenz angeheftet sind und in Dokumentenarchiven aufbewahrt werden. Diese Briefe dienten mir als Inspiration. Ich schnitt meinen Stoff in kleine Quadrate und heftete die Stücke an die Vorderseite von Briefen, in denen ich meine Erfahrungen als Weber erläuterte und einen Ausblick auf die verschiedenen Geschichten gab, die aus diesem materiellen Artefakt hervorgehen könnten. Ich verschickte etwa hundert Briefe mit Mustern an Kollegen und Kolleginnen, die US-amerikanische Geschichte des 19. Jahrhunderts lehren. Das waren vor allem Menschen, die ich im Laufe der Jahre während meiner Arbeit an großen und kleinen Institutionen kennengelernt hatte. Ich habe gehört, dass Studierende gern mit den Fingern über die kleinen Stoffproben fahren, während sie den Vorträgen über das Verhältnis von Sklaverei und Kapitalismus in der US-amerikanischen Geschichte zuhören. Es freut mich zu sehen, wie die komplexen Zusammenhänge der Vergangenheit für die Studierenden unmittelbarer und im wahrsten Sinne des Wortes greifbar werden. Es erinnert daran, wie gut sich materielle Artefakte als didaktische Werkzeuge eignen. Ich kann mir keine bessere Verwendung für den Stoff vorstellen. Vielen Dank, dass Sie nachgefragt haben.

Seth Rockman 3 | © Maurice Weiss

Lebenslauf Seth Rockman

Seth Rockman studierte an der Columbia University und promovierte an der University of California, Davis. Nach einigen Jahren am Occidental College in Los Angeles wechselte er 2004 zum History Department an der Brown University in Providence, Rhode Island.

Er hat sich auf die Vereinigten Staaten zwischen der amerikanischen Revolution und dem Bürgerkrieg spezialisiert. Im Mittelpunkt seiner Forschung steht das Verhältnis von Sklaverei und Kapitalismus in der wirtschaftlichen und sozialen Entwicklung Nordamerikas. Einen besonderen Fokus legt er auf die Geschichte von Rassismus, Arbeit und sozialer Wohlfahrt. Er war zeitweise mit der Aufsicht der Bachelor-Forschung für den Lenkungsausschuss für Sklaverei und Gerechtigkeit der Universität betraut. Das im Jahr 2009 veröffentlichte Buch *Scraping By: Wage Labor, Slavery, and Survival in Early Baltimore* gewann den Merle Curti Prize der OAH, den Philip Taft Labor History Book Award und den H.L. Mitchell Prize der Southern Historical Association. Gemeinsam mit Sven Beckert hat er das Buch *Slavery's Capitalism: A New History of American Economic Development* (2016) herausgegeben. Zuletzt war Seth Rockman Fellow am International Center for Jefferson Studies in Monticello, Charlottesville, Virginia. Er verbrachte 2016-17 ein akademisches Jahr am Forschungskolleg „Arbeit und Lebenslauf in globalgeschichtlicher Perspektive" (re:work) und forschte zu dem Thema *Plantation Goods and the National Economy of Slavery in the Industrializing United States*.

Publikationen (Auswahl)

‚N* Cloth: Mastering the Market for Slave Clothing in Antebellum America.' In *American Capitalism: New Histories*, herausgegeben von Christine Desan und Sven Beckert. New York: Columbia University Press, 2018: 170–194.
‚The Paper Technologies of Capitalism.' *Technology & Culture* 58 (April 2017): 487–505.
mit Sven Beckert. *Slavery's Capitalism: A New History of American Economic Development*. Philadelphia, PA: University of Pennsylvania Press, 2016.
‚What Makes the History of Capitalism Newsworthy?' *Journal of the Early Republic* 34 (Herbst 2014): 439–466.
Scraping By: Wage Labor, Slavery, and Survival in Early Baltimore. Baltimore: Johns Hopkins University Press, 2009.

Auf den folgenden Doppelseiten:
3 Foto Thoralf Island.
4 Davisville Mill Records, Series 3, Book 1. North Kingstown (R.I.) Public Library.

Nº

Warp

4 thds Orange
4 " Blue
4 " White
4 " Blue
4 " Orange
20 " Blue

32 Skins
112 "
16 "
150 Skins

4 Skins on a

Woolen

1 lb Green
4 Bk
1 lb Red
1 lb Bk
1 lb Red
4 Bk

1 lb ½ lb Green
½ lb Bk
½ lb Red

"Filling"
_____

8 ths Green
4 "   Black
8 "   Red
10 "   Black
8 "   Red
4 "   Black

  14 Green
  26 Black
  24 Red
  ‾‾‾
   64
ards 40 Spools
l 3/4 wide   44 Stair

ReM ReM Club - Remember Re:work Members

Der ReM ReM Club e. V. ist eine Initiative des Käte Hamburger Kollegs „Arbeit und Lebenslauf in globalgeschichtlicher Perspektive" an der Humboldt-Universität zu Berlin, kurz re:work.

ReM ReM steht für „Remember Re:work Members".

Der ReM ReM Club ist in erster Linie ein Alumni Verein und mit dem Zweck gegründet, einen Austausch mit aktiven und ehemaligen re:work Fellows zu ermöglichen, gemeinsame Ideen zu entwickeln und umzusetzen.

Der Verein lebt durch die Ideen und Beiträge seiner Mitglieder.

Sämtliche Spenden werden zu 100 Prozent für re:work-nahe Aktivitäten verwendet, wie zum Beispiel Workshops, Publikationen, thematische Exkursionen und kulturelle Veranstaltungen.

Wir sind für jede finanzielle Unterstützung dankbar!

Spendenkonto:
IBAN: DE09 1001 0010 0889 0081 06
SWIFT/BIC: PBNKDEFF
Postbank Hamburg

Der ReM ReM Club e.V. ist vom Amtsgericht Berlin (Charlottenburg) als gemeinnützig anerkannt. Spendenbescheinigungen können ausgestellt werden.

Sie wollen Mitglied werden? Bitte schreiben Sie uns: info@remember-rework.de

Weitere Informationen finden Sie hier: http://remember-rework.de

* * *

ReM ReM Club – ReMember Rework Members e.V.
Georgenstr. 23
D -10117 Berlin

Steuernummer: 27 676 / 51430
Vereinsregisternummer: VR 34517

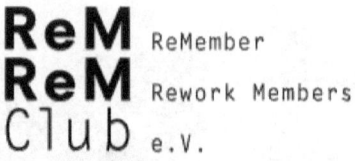

Käte Hamburger Kollegs

Im Jahr 2007, dem Jahr der Geisteswissenschaften, startete das deutsche Bundesministerium für Bildung und Forschung (BMBF) die Initiative „Freiraum für die Geisteswissenschaften". Sie bot neue Möglichkeiten, geisteswissenschaftliche Leistungen auf nationaler und internationaler Ebene sichtbar herauszustellen und voranzutreiben. Zwischen 2007 und 2011 wählte ein internationales Expertengremium neben re:work neun weitere Käte Hamburger Kollegs zu folgenden Themen:

- Internationales Kolleg für Kulturtechnikforschung und Medienphilosophie (Bauhaus-Universität Weimar)
- Verflechtungen von Theaterkulturen (Freie Universität Berlin)
- Schicksal, Freiheit und Prognose. Bewältigungsstrategien in Ostasien und Europa (Friedrich-Alexander-Universität Erlangen-Nürnberg)
- Morphomata. Genese, Dynamik und Medialität kultureller Figurationen (Universität zu Köln)
- Rachel Carson Center für Umwelt und Gesellschaft (Ludwig-Maximilians-Universität München)
- Imre Kertész Kolleg: Europas Osten im 20. Jahrhundert: Historische Erfahrungen im Vergleich (Friedrich-Schiller-Universität Jena)
- Dynamiken der Religionsgeschichte zwischen Asien und Europa (Ruhr-Universität Bochum)
- Recht als Kultur (Rheinische Friedrich-Wilhelms-Universität)
- Politische Kulturen der Weltgesellschaft/Centre for Global Cooperation Research (Universität Duisburg-Essen)

Vier weitere Kollegs folgten in einer neuen Förderlinie (2019):

- Käte Hamburger Kolleg für Apokalyptische und Postapokalyptische Studien (Ruprecht-Karls-Universität Heidelberg)
- Käte Hamburger Kolleg „Einheit und Vielfalt im Recht" (Westfälische Wilhelms-Universität Münster)
- Käte Hamburger Kolleg „Kulturen des Forschens" (Rheinisch-Westfälische Technische Hochschule Aachen)
- Käte Hamburger Kolleg „Dis:konnektivität in Globalisierungsprozessen" (Ludwig-Maximilians-Universität München)

Buchreihe
Work in Global and Historical Perspective

The series *Work in Global and Historical Perspective* is edited by Andreas Eckert (Humboldt University of Berlin), Mahua Sarkar (University of Montreal), Sidney Chalhoub (Harvard University), Dmitri van den Bersselaar (Leipzig University), and Christian De Vito (University of Bonn).

Work in Global and Historical Perspective is an interdisciplinary series that welcomes scholarship on work/labour that engages a historical perspective in and from any part of the world. The series advocates a definition of work/labour that is broad, and especially encourages contributions that explore interconnections across political and geographic frontiers, time frames, disciplinary boundaries, as well as conceptual divisions among various forms of commodified work, and between work and 'non-work'.

Edited by Andreas Eckert
GLOBAL HISTORIES OF WORK
Volume 1
2016, VI, 368 pp.
ISBN 978-3-11-044233-5

Edited by Mahua Sarkar
WORK OUT OF PLACE
Volume 3
2017, VIII, 254 pp.
ISBN 978-3-11-029284-8

Nitin Varma
COOLIES OF CAPITALISM
Assam Tea and the Making of Coolie Labour
Volume 2
2016, VIII, 242 pp.
ISBN 978-3-11-046115-2

Adrian Grama
LABORING ALONG
Industrial Workers and the Making of Postwar Romania
Volume 4
2018, IX, 281 pp., 14 fig.
ISBN 978-3-11-060233-3

Edited by Felicitas Hentschke, James Williams
TO BE AT HOME
House, Work, and Self in the Modern World
Volume 5
2018, XXII, 279 pp., 46 4c images.
ISBN 978-3-11-057987-1

Paola A. Revilla Orías
ENTANGLED COERCION
African and Indigenous Labour in Charcas (16th–17th Century)
Volume 9
2021, 327 pp., 20 fig.
ISBN 978-3-11-068089-8

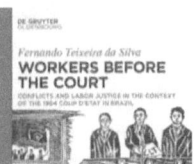

Texeira da Silva Fernando
WORKERS BEFORE THE COURT
Conflicts and Labor Justice in the Context of the 1964 Coup d'Etat in Brazil
Volume 6
2019, XXVIII, 263 pp., 4 fig.
ISBN 978-3-11-063440-2

Edited by Ravi Ahuja, Marcel van der Linden und Anna Sailer
"THE DISTRESS IS IMPOSSIBLE TO CONVEY"
British and German Trade-Union Reports on Labour in India (1926–1928)
Volume 10
2020, 292, 32 fig.
ISBN 978-3-11-068191-8

Ju Li
ENDURING CHANGE
The Labor and Social History of OneThird front Industrial Complex in China
Volume 7
2019, IX, 194 pp., 9 fig.
ISBN 978-3-11-062676-6

Edited by Andreas Eckert und Felicitas Hentschke
CORONA AND WORK AROUND THE GLOBE
Volume 11
2021, 278, 40 fig.
ISBN 978-3-11-071689-

Véronique Plata-Stenger
SOCIAL REFORM, MODERNIZATION AND TECHNICAL DIPLOMACY
The ILO Contribution to Development (1930–1946)
Volume 8
2020, approx. 345 pp., 11 fig.
ISBN 978-3-11-061597-5

Auf den folgenden Doppelseiten:
5 Farmer & Planter, May 1859. RB 316325. The Huntington Library, San Marino, Ca.
6 Marshfield School of Weaving, Marshfield, Vermont. Foto Seth Rockman.

ENCOU[RAGE]

COTTO[N]

THE subscribers h[ave]
and are now turning of[f]

KERSE[YS]

We also continue to s[ell]
low prices; and, in a [few]
Osnaburgs.

Planters raising Shee[p]
Cash, or we will manufac[ture]
for the same. Parties s[o]
time. It had best be wa[s]

MERCHA[NTS]

Will find it their interest t[o]
Goods that annually floo[d]
superior make, and all we a[sk]

Address

May, 1859

E HOME ENTERPRISE.
ND WOOLEN GOODS.

dded to their Factory a complete set of Woolen Machinery,
styles of superior

& NEGRO GOODS

Celebrated Cotton Osnaburgs and Yarn at **uncommonly**
s, will be prepared to furnish a superior article of Striped

ase send us Wool—for which we will pay a fair price in
Wool into Cloth for 12½ cents per yard, furnishing the warp
ool will please send it early, so as to have it made up in
re sent; but it *may* be sent just as taken from the Sheep.

S AND PLANTERS

their Goods of us in preference to the trashy Northern
rkets. We warrant all the Goods we send off to be of
everybody to try them.

JAMES G. GIBBES & CO.,
Columbia, S. C.

5—tf

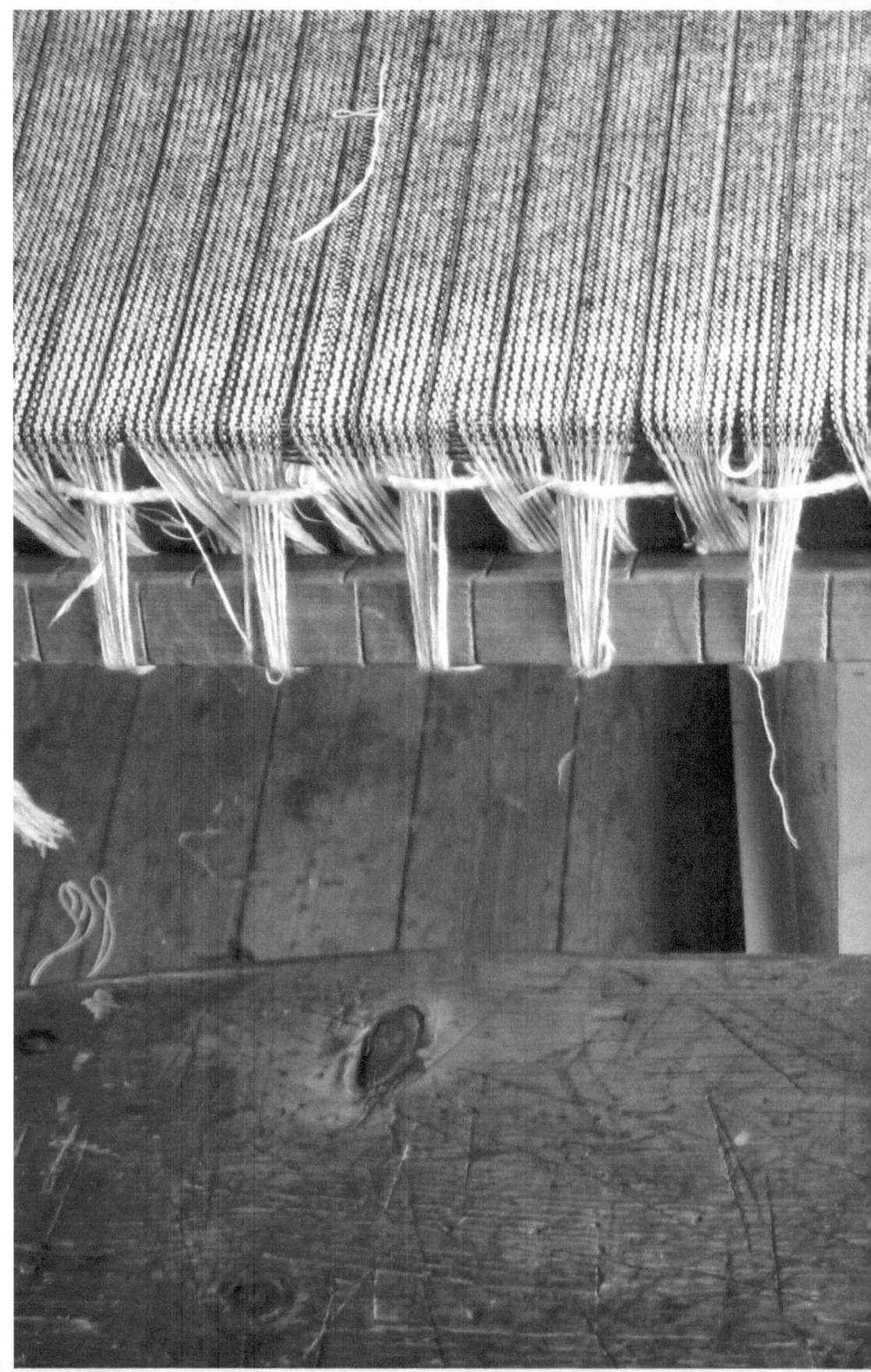